MW01611034

EL LIBRO PROHI- BIDO

La vida de Francisco de Enzinas

CÉSAR VIDAL

Contracorriente

Amor, sexo y relaciones
Dean Sherman

Primavera en el camino de las lágrimas
César Vidal

El libro prohibido
César Vidal

EL LIBRO PROHI-BIDO

La vida de Francisco de Enzinas

CÉSAR VIDAL

EDITORIAL JUCUM

P.O. BOX 1138 TYLER, TX 75710-1138

Editorial JUCUM forma parte de Juventud con una misión, una organización de carácter internacional.

Si desea un catálogo gratuito de nuestros libros y otros productos, solicítelos por escrito o por teléfono a:

Editorial JUCUM
P.O. Box 1138, Tyler, TX 75710-1138 U.S.A.
Correo electrónico: info@editorialjucum.com
Teléfono: (903) 882-4725
www.editorialjucum.com

El libro prohibido
por César Vidal
Copyright © 2017 por Editorial JUCUM
Publicado por Editorial JUCUM
P.O.BOX 1138, Tyler, TX 75710-1138 U.S.A

Diseño de portada: Joshua Hérnandez

Todos los derechos reservados. Ninguna parte de este libro puede ser reproducida en modo alguno sin el permiso por escrito del editor, excepto citas breves en artículos o revistas.

ISBN 978-1-57658-867-3

Primera edición 2017

Impreso en los Estados Unidos

Índice

1

Wittenberg, 1542

Francisco contempló con pesar que la tinta había vuelto a acabarse. Mientras observaba el fondo renegrido del cóncavo recipiente, una mueca de disgusto ensombreció su rostro juvenil. Con gesto de cierto desamparo, dejó caer la cara sobre la palma de la mano izquierda y permaneció en tan meditabundo ademán durante unos minutos. Luego, tras permitir que un suspiro se le escapara del pecho, volvió a repetir la postura, pero esta vez apoyándose en la mano derecha.

No hubiera podido decir con exactitud el caudal que llevaba gastado en aquella obra, pero, desde luego, no había sido escaso. Resmas y más resmas de papel, tintero tras tintero, incluso pluma tras pluma, habían visto su final en la consecución de la magna tarea que Francisco había emprendido tiempo atrás. No dejaba de ser curioso, por otra parte, que aquella empresa que le había absorbido la vida, la hacienda y, al paso que iban las cosas, la salud, hubiera sido concebida tan lejos de su Burgos natal. Claro que, bien mirado, cuando en Burgos hacía frío —y zurraba de verdad buena parte del año— la temperatura era muy similar a la de Wittenberg. ¡Ah, Wittenberg! Su mero recuerdo tuvo la facultad de arrancar una sonrisa de los apenados labios de Francisco.

Había llegado allí en el otoño de 1541. Llovía, pero frío, lo que se dice frío... Por supuesto, antes habían sucedido muchas cosas.

2

Burgos, 1537

—Queridos hermanos —dijo el sacerdote con una voz que seguramente pretendía ser enérgica, pero que resonaba ansiosamente cansina[1]—. No nos dejemos nunca llevar por los vientos, sutiles pero mortales para el alma, de la herejía.

El clérigo calló por unos instantes como si deseara insuflarse ánimos renovados y luego, tras inspirar una bocanada de aire, prosiguió.

—Es la Iglesia católica la única verdadera porque fue instituida por Dios, el sitio exclusivo donde podemos vernos a salvo de las acciones del Maligno. Fue el propio Cristo, nuestro Salvador, quien al entregarle las llaves del Reino al santo apóstol Pedro nos otorgó su garantía de que nunca, mientras estemos en su seno, podremos vernos arrastrados por el mal. Unidos a la santa Iglesia de Cristo nos salvaremos, apartados de ella —incluso dudando de su santa enseñanza— sólo podemos perdernos.

Mientras un sordo murmullo, mezcla de repulsa y aprobación, se extendía entre los fieles, el clérigo cerró por un instante los ojos.

---

1 Cansina, no: Que por la lentitud y pesadez de los movimientos revela cansancio.

—No digo nada de esto por vosotros —prosiguió el sacerdote—, que sé que sois cristianos viejos[2] y bien aferrados a la fe verdadera. No os censuro a vosotros, sino que os advierto como el pastor que debe velar por las ovejas de su rebaño. Hijos míos, lobos voraces han penetrado en la viña del Señor con la intención de devastarla. El desagradable runrún de las voces espantadas aumentó al escuchar la última frase pronunciada por el predicador.

—Son lobos —prosiguió el clérigo— que pretenden que la salvación puede ser obtenida sólo mediante la fe, que no son necesarios ni el culto a las imágenes ni a las reliquias, que ni los santos ni la Santa Madre de Dios pueden interceder por nosotros ante el Señor...

Mientras algunas mujeres se santiguaban horrorizadas al oír aquellas frases, en los varones se reflejó un gesto de cólera mal contenida. La simple mención de la herejía pulsaba en su interior una vigorosa cuerda de ira que, sin duda, habrían calificado de santa sin el más mínimo reparo.

—Guardémonos, hermanos queridos, de esa semilla de maldad que sólo puede acarrearnos desgracias —prosiguió el sacerdote—. Aferrémonos a la santa tradición que la Iglesia católica ha preservado sin mancha durante siglos. Hagámoslo como hijos sumisos y obedientes, convencidos de que si yo veo que ahora es de día, pero la santa Iglesia me dice que es de noche, sin duda es que ya se puso el sol y yo soy el equivocado.

Un coro amortiguado de convencidos asentimientos volvió a apoderarse de aquellos que atestaban

---

2 Cristianos viejos: Católico que no desciende de moro, judío, indio o negro pagano.

el templo. Seguramente, para cualquier observador, no habría cabido ninguna duda de que aquel hombre, pese al tono suave de su voz, había insuflado la fe en sus palabras dentro de todos los corazones.

Francisco, sin embargo, contemplaba con una mezcla de pesar y repulsión al sacerdote que, poco antes, se había encaramado cansinamente al púlpito y ahora se agarraba a la barandilla como si temiera desplomarse de un momento a otro. Conocía de sobra su figura atezada por los vientos de Castilla y encorvada por las dilatadas horas de estudio ante manuscritos garrapateados[3] en lenguas foráneas. Lo cierto es que, a pesar de su debilitado aspecto actual, el clérigo siempre había disfrutado de un vigor que ahora parecía habérsele escapado como si hubieran abierto en su pecho una vía especial para que así sucediera. Pero, no, la imagen de la vía no era la más correcta. En realidad, con la energía de aquel hombre había sucedido como con el jarrito al que se le introduce por la boca una caña para absorber todo su contenido. De él habían chupado y chupado, y lo que ahora restaba era casi un despojo, un residuo, unos posos.

Porque Francisco conocía bien a aquel hombre. Era su tío, don Pedro de Lerma, sacerdote y cancelario de la Universidad de Alcalá. En aquel recinto destinado a cultivar el saber, a profundizar en el estudio de las Escrituras, a editar incluso la Biblia políglota, don Pedro había sido en otro tiempo su protector y, más que protector, amigo.

De aquello hacía poco tiempo y, sin embargo, podría creerse que habían pasado siglos. ¡Qué aire de libertad, de erudición, de amor al saber circulaba

---

3 Garrapateados: Letras o rasgos mal trazados con la pluma.

en aquella época por Alcalá! Uno podía desayunarse leyendo a san Agustín, almorzar repasando en su texto griego y original las epístolas de san Pablo y cenar con amplia sobremesa discutiendo los escritos de Desiderio de Rotterdam, más conocido como el doctor Erasmo. Habíase tratado de una buena época... seguramente concluida.

A fuer de sinceros, él nunca lo hubiera creído así. El interés por la reforma de la Iglesia estaba tan extendido, existía un acuerdo tan generalizado al respecto, lo apoyaban personas de tanto renombre que lo que parecía más lógico era esperar que se produjera casi de un momento a otro y que la encabezaran si no los clérigos de misa y olla, sí aquellos personajes que destacaban por su saber y su piedad. De Tomás Moro en Inglaterra a Erasmo en Flandes, pasando por Luis Vives o Alfonso de Valdés en España, todos se manifestaban en el mismo sentido: la Iglesia de Cristo necesitaba una reforma en profundidad, una poda de las supersticiones que no tenían nada que ver con el mensaje del Evangelio, una purificación de la conducta de los fieles empezando por los clérigos corruptos, o se emprendía rápidamente o sólo cabía esperar desastres para el Cuerpo del Señor.

Pero, de repente, de la manera más inesperada, aquello había terminado y como una mancha de aceite la sospecha de herejía se había extendido sobre todos. Había que reconocer que no era nada nuevo. Tan sólo unos años antes Nebrija y Lerma habían sido acusados también de herejes. Sin embargo, en aquel entonces la casi omnipotente sombra de Cisneros los había cobijado. Nebrija, por lo pronto, salió bien librado del trance. En cuanto a Lerma se refería, a pesar de las condenas papales pronunciadas en su contra, el mismo Nebrija se había permitido alabarlo en su *Apología,* una obra bien significativamente dedicada al mismo Cisneros. Ahora...

Ahora, la acusación de herejía era uno de los recursos más socorridos para apartar del camino a un rival en la docencia, para abrirse paso aferrado al estandarte de la supuesta ortodoxia, para medrar, a fin de cuentas. Francisco no tenía la menor duda de que no eran otras las razones que habían provocado las peores hablillas[4] dirigidas contra su tío, don Pedro de Lerma. Su cargo de cancelario era ambicionado por más de uno y no se le podía tachar de disoluto, de holgazán o de ignorante. ¡Hereje, por lo tanto! Si la Inquisición tomaba cartas en el asunto, la suerte de su pariente no podría, desde luego, resultar peor. Se le confinaría, se procedería al embargo cautelar de sus bienes para costear el proceso, y durante meses —si es que no años— se vería sometido a reclusión y tormento para que confesara la verdad en torno a unas acusaciones que no le era permitido conocer y que habían sido pronunciadas por unos delatores que se ocultaban en el anonimato. Cuando finalmente se ventilara la causa judicialmente, aun en el supuesto de que fuera declarado inocente, ya sería una persona arruinada en su cuerpo, en su carrera y en sus bienes, y habría que dar gracias a Dios si no habían dañado también su salud de manera irreparable. Después de años de malcomer, de no ser atendido por un galeno, de sufrir prisión y tortura, ¿quién podía salir indemne?

Don Pedro de Lerma se había colocado la venda antes de recibir las heridas peores. En cuanto que

---

4 Hablillas: Rumor, cuento, mentira que come en el vulgo.

fue sabedor de que la Inquisición seguía sus pasos se dedicó a recorrer los pueblos predicando contra la herejía... y desdiciéndose de lo que durante años había defendido en sus sermones.

Francisco no había dudado en sumarse a su peregrinación en cuanto que tuvo noticia de la coyuntura en que se hallaba su tío. Lo estaba haciendo y no se arrepentía, pero la experiencia resultaba mucho más amarga de lo que hubiera podido prever nunca. Mientras las gentes se retorcían en desgarrados lamentos por el peligro que se cernía sobre la Iglesia, Francisco sólo podía ver a un buen hombre desmoronado interiormente que, con toda seguridad, sólo le pedía a sus últimos años de vida poder recorrerlos en paz y sin ser encerrado en una lóbrega mazmorra.

Porque, además, lo más injusto era que don Pedro nunca había defendido ni la más ligera sombra de herejía. Como Erasmo, como Cisneros, a los que seguía admirando, tan sólo deseaba —o había deseado más bien— que desaparecieran los comportamientos que más cercanos eran del paganismo que del Evangelio, que la gente llana conociera las Escrituras y viviera en mayor santidad, que siguieran a Cristo más de cerca como el verdadero Maestro... ¡Pero si eso era lo que debían ansiar los pastores! ¡Pero si para eso se suponía que ejercían su ministerio! Contempló cómo el anciano, más envejecido que nunca, descendía del púlpito y, forzándose el corazón, retuvo unas lágrimas que pugnaban por salírsele de los ojos.

Cuando acabó la misa, Francisco abandonó el recinto sagrado con el pecho sometido a una fuerte opresión. La luz del sol que se desparramaba generosa

sobre la fachada de la iglesia le hirió momentáneamente los ojos, pero, casi de manera inmediata, pareció disipar la sensación de oscuridad que se había
apoderado de él durante la ceremonia religiosa.
Una leve brisa que llenó sus pulmones incluso le otorgó
una frescura que necesitaba desesperadamente.
Por el rabillo del ojo pudo observar cómo la gente
salía de la iglesia hablando con un leve acaloramien-
to. Desde luego, no podía ponerse en tela de juicio
que la elocuente arenga de su tío los había caldeado.

—Don Matías —escuchó que decía un personaje
de aspecto atildado, seguramente un hidalgo—, lo
que el gobierno de España necesita ahora es una
mano recia. Su Majestad, nuestro Señor el emperador, debería de tener eso pero que muy en cuenta...

—Sí —le respondió un hombre de rostro bermejo[5]—, pero vuesa merced puede tener la certeza de
que se hará como haya menester.

La agradable sensación que Francisco había expe-
rimentado tan sólo unos segundos antes quedó arras-
trada por aquellos convencidos comentarios igual que
sucede con las leves nubecillas cuando sopla el violen-
to vendaval.

Almorzó con su tío y con el párroco de la población. El buen hombre, se le veía no por ignorante
menos sencillo y deseoso de ser hospitalario, agra-
deció, vez tras vez, a don Pedro el que se hubiera
dignado predicar en su iglesia y, sobre todo, el que
hubiera elegido un tema tan apropiado.

—Aquí la gente es buena, piadosa, créalo vuesa
merced —dijo mientras cortaba una tajadita de un
queso blanco como la leche más pura—. Nunca se
les pasaría por la cabeza ofender a Dios adoptando

_____
5 Bermejo: De un color rojo o rojizo.

esa manera tan perniciosa de ver la vida, pero, precisamente por eso, más precisados se encuentran de que los adviertan y amonesten.

Francisco observó discretamente cómo don Pedro asentía con la cabeza con gesto desganado, y pensó que, sin duda, comidas como aquélla formaban parte del oneroso tributo que se había impuesto sobre los hombros para defenderse de cualquier artera acusación.

—Por eso —prosiguió el párroco— puede creerme vuesa merced cuando le digo que doy gracias a Dios y a su Santa Madre por haberle dado un corazón tan humilde como para dignarse pasar este tiempo con nosotros.

Aunque la comida fue buena y el vino no resultó malo, la colación se le atascó a Francisco en la boca del estómago. Entré un hombre agradecido e ignorante y otro que era erudito pero estaba acobardado, el joven se sentía casi sofocado. Algo similar debía sucederle a su tío porque rechazó cortésmente la invitación del párroco de pasar la noche en su casa e insistió en que debía reemprender el camino para llegar a Burgos antes de que se pusiera el sol. Desde luego, no fue Francisco el que se opuso a aquella decisión. En silencio lanzó una mirada a su tío en la que le manifestaba su adhesión más plena.

3

Camino de Burgos, 1537

Abandonaron la aldea con un viento que les daba de espaldas y que parecía querer empujarles con más vigor en su camino de regreso. Durante un buen rato, ninguno de los dos despegó los labios y Francisco ni siquiera se atrevió a dirigir la mirada hacia su pariente, que estaba sumido en profundas cavilaciones y al que adivinaba presa segura del pesar más profundo.

Llevaban en esa situación más de una tercera parte de su senda cuando a Francisco le pareció escuchar un ruidillo cercano, extraño y persistente. Al principio, le dio la impresión de que era como un resoplido diminuto, similar al que habría lanzado un ratoncillo o un gatito. Luego, aquel sonido se vio taladrado por un suspiro, hondo, seco y dolorido. Fue en ese instante cuando dirigió la mirada hacia su tío.

Contempló sorprendido que de la afilada nariz del añoso clérigo caía un moco acuoso y alargado, mientras que por sus mejillas se deslizaban unas lágrimas no redondas sino aplastadas que provocaban un efecto húmedo y brillante en la piel.

Francisco sintió cómo un desagradable escalofrío le estremecía la espalda, pero quiso —deseó incluso— atribuirlo al viento destemplado que azotaba la llanura. Finalmente, no pudo contenerse más y dijo:

—¿Os pasa algo, tío?

Don Pedro no respondió, pero, como si la pregunta de Francisco hubiera operado en él con la misma fuerza de un ensalmo[1], el pecho se le hinchó, la cabeza se le vino hacia adelante y rompió a llorar esta vez de manera convulsa.

Francisco lo contempló en aquel estado apenas un instante. Con presteza, bajó de la mula en la que iba montado y se acercó a la cabalgadura de don Pedro.

—Bajad, señor, bajad —le dijo intentando infundir calma a una voz que sólo llevaba en sí desasosiego—. Es menester que reposéis un poco de tantas fatigas.

Tuvo que llevar casi en volandas al anciano desde la silla de montar hasta la sombra raquítica de un chopo[2] que mal se levantaba a la oscura vera del sinuoso camino. Cuando hubo depositado el cuerpo contra el árbol, se apartó y contempló cómo el hombrecillo se llevaba las manos a la cara y con el rostro hundido entre los dos sollozaba.

Era su llanto como el del chicuelo al que acaban de anunciar que su madre ha muerto precisamente mientras él tiraba piedras a los pájaros, o el de la moza preñada que llega a la conclusión de que su seductor no sólo no piensa casarse con ella, sino además se ha alistado al servicio del rey para poner tierra de por medio. En él se mezclaban

---

1 Ensalmo: Modo supersticioso de curar con oraciones y aplicación empírica de varias medicinas.
2 Chopo: Nombre con el que se designan varias especies de álamos.

el desconsuelo y la desesperanza, la pena y el desamparo, la impotencia y la angustia ante un futuro que se prevé con innegable razón solitario y negro.

Francisco lo contemplaba de pie, sin atreverse a musitar una sola palabra, sin posar una mano amiga sobre su hombro. Era tanto el sufrimiento que adivinaba en aquel ser encorvado que se sentía incapaz no sólo de paliarlo[3], sino incluso de acompañarlo. Aquel llanto, sin embargo, acabó extinguiéndose como se secan finalmente los arroyos en el estío y la lluvia; por fría e impetuosa que sea, deja de caer. Don Pedro lanzó algunos suspiros, se llevó la diestra al pecho como si en su interior sintiera un dolor atenazante y, al fin y a la postre, alzó la mirada hacia Francisco.

—Hijo, venid —le ordenó alargando una diestra arrugada y temblona.

El joven se acercó y, sin dejar de mirar a su pariente, se sentó a su lado, en el suelo desnudo.

—Francisco —comenzó a decirle con una voz preñada de sentimiento—. Yo sé muy bien lo que piensas...

No había dicho el anciano a qué se refería, pero el sobrino, imprudentemente, aunque llevado por la mejor intención, negó con la cabeza.

—Yo no pienso nada, tío —dijo con una frase desafortunada.

Una sonrisa apenas perceptible se colgó de los resecos labios de don Pedro.

—Hijo, no tiene ningún sentido que intentes ocultarme una realidad que ni a mí se me esconde, ni tampoco puede quedar apartada de los ojos de Dios.

---

3 Paliarlo: Del verbo paliar. Mitigar, suavizar, atnuar una pena, disgusto.

Francisco bajó por un instante la mirada, como si aquella mención a la omnividencia[4] divina le causara una vergüenza similar a la de Adán y Eva después de haber perpetrado la primera ofensa del hombre contra su Creador.

—Yo, Francisco —prosiguió el anciano, algo más sereno—, soy un pobre viejo. Habría deseado tener el temple de los mártires y los confesores, pero... pero ésa es una gracia que no he recibido de Dios.

Francisco intentó detener una confesión que preveía cargada de un dolor destilado durante los últimos y difíciles tiempos.

—Tío, no tenéis que...

—Sobrino, sé perfectamente lo que tengo que hacer... cuestión aparte es que no posea la fuerza suficiente para llevarlo a cabo.

Francisco guardó silencio, y cuando el clérigo estuvo seguro de que no era una mera acción momentánea prosiguió su discurso.

—Hijo, yo he vivido tiempos que tú ni siquiera puedes imaginarte —le dijo con una voz que parecía, como antaño, abrigar en su seno el fuego que sólo proporciona el amor a la verdad—. Sé que puede ahora costar creerlo, pero hace veinte años, cuando se produjo la muerte del cardenal Cisneros, las cosas eran muy distintas en esta tierra. Conocer griego o hebreo para poder leer las Santas Escrituras y trasladarlas a la lengua de la gente sencilla se consideraba un privilegio especial de Dios, y leer a Erasmo... leer a Erasmo era incluso señal, si no de piedad, sí, al menos, de no querer seguir siendo un asno. Pero ahora...

4 Omnividencia: de omnividente. Que ve todas las cosas.

Por un instante, el sacerdote bajó la mirada y la dejó caer sobre unas manos que reposaban abiertas sobre su regazo. Hubiera dado la impresión de que las irregulares líneas de las palmas habían lanzado sobre él un hechizo. Así permaneció un instante breve que a Francisco, no obstante, se le antojó inacabable. Luego buscó con los ojos a su sobrino.

—No te quedes en España —dijo al fin—. Las posesiones del emperador son numerosas más allá de los Pirineos. Tú eres un hombre cultivado. Conoces el latín con la misma profundidad que nuestra lengua castellana. Incluso el francés y el toscano tienen ya pocos secretos para ti. Márchate de esta tierra.

—Pero... pero... —balbuceó Francisco—. ¿Qué es lo que me estáis diciendo? Yo no quiero...

—¿Y crees que yo sí quiero lo que me veo obligado a hacer? —le cortó rápidamente el sacerdote—. ¿Piensas que es de mi agrado visitar pueblos donde mal saben el Padrenuestro para advertirles en contra de herejías imaginarias o para cerrarles los ojos ante la necesidad de reforma de la Iglesia de Cristo? Hazme caso, Francisco, porque sé lo que me digo. Márchate a un lugar donde todavía puedas acercarte a las Santas Escrituras con libertad, donde puedas escribir con libertad, donde sea posible leer con libertad.

Sin saber por qué, Francisco sintió como si en aquellos momentos descendiera sobre él un manto sutil pero innegable de tristeza. De repente, le envolvió la certeza de que sus peores sospechas se confirmaban y de que sus temores más ocultos se le presentaban como realidades indiscutibles, y ante todo aquello tuvo la impresión de que se hallaba tan solo y desvalido como se encuentra la mujer durante el parto o cualquier ser humano frente a la muerte. Sin apartar los ojos del clérigo, de aquel ser que era carne de su carne y sangre de su sangre, llegó a la conclusión de que debía salir de España y de que semejante paso tenía que darlo cuanto antes.

4

Burgos, 1537 - París, 1541

Fue su tío don Pedro de Lerma uno de los que ayudó a Francisco a reunir un mínimo caudal para abandonar España y dirigirse a la búsqueda de sitios aún no aquejados por el prurito[1] de perseguir a los que eran distintos. Pero si marcharse resultó fácil, no lo fue tanto encontrar un lugar en el que no existiera aquella agobiante sensación de control. Desde luego, Francisco no lo halló en París. En la capital de Francia, situada sobre un río que por su caudal asombró al joven burgalés, éste vino a descubrir los mismos vicios que había dejado al otro lado de los Pirineos. Los franceses no eran, desde luego, menos soberbios que los españoles, pero es que además los superaban en tacañería y desprecio hacia lo foráneo.

Hubiera deseado hallar en aquellas callejas un vivo interés por la cultura, por el arte, por la simple y desnuda verdad. Sin embargo, lo que encontró fue reyertas, borracheras y comilonas. Los clérigos, desde luego, tampoco eran mejores. Su principal ocupación era acumular oficios y beneficios que les permitieran

---

1 Prurito: Deseo persistente y excesivo de hacer algo de la mejor manera posible.

23

llevar una vida lo más desahogada posible. Cuando dejó París, Francisco no sintió ningún pesar. En realidad, experimentó hasta un cierto desahogo. Su siguiente parada fue Lovaina. El 4 de junio de 1539 se matriculó en el colegio bilingüe de la ciudad, esta vez con la esperanza de que encontraría un lugar donde saciar una sed que apenas era incipiente al salir de España y que ahora se había convertido en angustiosa.

Lovaina agradó a Francisco. Allí conoció a Hernando de Jarava, un español empeñado en traducir el libro bíblico de los Salmos a la lengua castellana, y también a Juan de Jarava, su sobrino, que también disfrutaba trasladando a lengua vulgar obras sagradas y profanas. Pasarían los años y siempre recordaría las clases de latín y griego bajo los auspicios de Pedro Nannio y Rogerio Rescio. Pero también quedaría grabada en su recuerdo la memoria de Cassander, del polaco Jan Laski, de Pablo Roels, el rector de la Universidad.

No es que Lovaina fuera heterodoxa[2] o abierta a la herejía. En cierta medida, hasta hubiera podido afirmarse que era un auténtico baluarte de la ortodoxia católica. Lo que sucedía era que, a diferencia de lo que Francisco había sufrido en Burgos, en aquella ciudad seguía persistiendo un respeto casi devoto hacia el saber. Conocer el latín —no digamos el griego— se consideraba algo digno de aprecio, y leer las Santas Escrituras, especialmente en sus lenguas originales, no se consideraba un peligro para la fe, sino una manera de fortalecerla sobre los cimientos más sólidos.

2 Heterodoxa: Que se aparta de la doctrina oficial de una religión. Discrepante de la doctrina fundamental de un sistema político, filosófico.

De haber aprendido de su solo deseo, Francisco se hubiera quedado indefinidamente en aquella ciudad. Hubiera seguido empapándose de su amor por la sabiduría, de su gusto por la cultura, de su entrega a las artes. Pero no pudo ser. Una mañana de verano, cuando el tiempo ocasionalmente permite prever que pronto llegará el otoño, el joven recibió una carta procedente de París. Estaba escrita de puño y letra de su tío, don Pedro de Lerma. Le decía que había abandonado España, que había encontrado cobijo en la capital francesa y que, sintiéndose morir, le rogaba que se reuniera con él.

Francisco recorrió la distancia que separaba Lovaina de París casi en la mitad del tiempo normal. Estuvo a punto de reventar más de un caballo antes de alcanzar su meta, pero lo consiguió a tiempo para encontrarse con don Pedro. Lo halló en la habitación estrecha, húmeda y mal iluminada de una posada miserable.

El anciano apenas reconoció a Francisco cuando cruzó el umbral de la grasienta puerta.

—*Qui étes vous?*—preguntó con pésimo acento.

—Soy yo, tío —respondió con voz apesadumbrada Francisco.

—Pasad, hijo, pasad —dijo don Pedro mientras se esforzaba por incorporarse en el lecho.

—No os levantéis —dijo apenado el joven mientras se apresuraba a llegar hasta la cabecera de su pariente.

—Estoy bien, hijo, estoy bien —musitó con una sonrisa el anciano.

Francisco se quedó sorprendido al contemplar de cerca el rostro de su tío. Nadie hubiera podido dudar de que aquel hombre se hallaba muy enfermo. Sin

embargo, en el fondo de sus ojos, como si fuera la
luz del hogar que en medio de la noche nos anuncia
la cercanía de los seres queridos, brillaba una lumi-
nosidad especialmente dotada de vigor.

—No debes apenarte por lo que ves —dijo sonriente don Pedro—. En realidad, prefiero esta pobreza en la que me hallo ahora a todos los beneficios de
que disfrutaba en nuestra España.

—Pero...—intentó objetar Francisco.

—¿Acaso no puedes creerlo? —preguntó don
Pedro sin abandonar la sonrisa—. Durante meses,
querido Francisco, recorrí iglesia tras iglesia, des-
truyendo todo aquello que había intentado construir
durante años. Lo que había sido mi ilusión, mi interés, mi vida... todo eso decidí un día desecharlo para
conservar el aplauso de los hombres...

Una arruga profunda y rojiza se pintó en la frente
del anciano como si estuviera dividiéndola en dos
partes. Por un instante, pareció que otra vez descendía sobre él aquel pesar del que Francisco había
sido testigo en Burgos. Pero fue sólo un momento
pasajero. Nuevamente la sonrisa afloró a los labios
del sacerdote que elevó la mirada clavándola en los
ojos de su sobrino.

—Al principio creí que podría sobrellevar mi nueva vida. Pensaba neciamente que el aplauso de mis
colegas, la gloria de este mundo, la posición en la
universidad me conservarían una felicidad ya conocida. Francisco, créeme cuando te digo que no pude
errar más, que hubiera sido imposible que hubiera
cometido una equivocación mayor. Para aquel que
ha conocido alguna vez la paz que viene de tener
una conciencia limpia ante Dios, no existe nada en
este mundo que pueda sustituirla. ¿Podrías alcan-
zarme un poco de agua?

Francisco paseó la mirada por la estancia en busca de algún recipiente. Finalmente, sus ojos se detuvieron sobre un jarrito de barro. De un par de pasos llegó hasta él, lo asió y se lo alargó al anciano. Don Pedro bebió serenamente, pero con ganas. Luego, apartó la embocadura del jarro de sus labios y se los secó con el dorso de la mano.

—Llegó un momento en que ya no pude soportar más aquella desazón, Francisco. ¿De qué me servía recibir la aprobación de mis colegas si mi conciencia me atormentaba por las noches? ¿Cuál era el provecho que derivaba de aquellos vanos reconocimientos si sabía que Dios nunca podría ver con buenos ojos la manera en que me oponía a los dictados de mi conciencia? Durante meses me debatí entre lo que mi corazón gritaba y lo que mi mente, deseosa de agradar a los demás por encima de todo, me llevaba a hacer. Una mañana, después de tantas noches pasadas en blanco, decidí escuchar los dictados de mi corazón. Recogí con disimulo algunas de mis pertenencias y me puse en camino para salir de España...

—Y lo conseguisteis... —dijo Francisco.

—Dios estuvo conmigo y pude llegar sano y salvo a Francia. Pretendía llegar a Lovaina y reunirme con vos...

—Pero caísteis enfermo...

—Sí, así fue, Francisco, pero no lo lamento. Ahora soy un hombre libre, en paz con Dios y con los demás hombres, y además he conseguido volver a reunirme contigo. Siento en mi corazón no poder dejarte ningún objeto de valor. Ni siquiera libros tengo para entregarte... pero... pero hay algo más valioso que deseo que sea tuyo.

El joven sintió que se le formaba un nudo en la garganta al escuchar aquellas palabras.

—Es un consejo, un consejo que debe guiar tu vida si lo que deseas es vivir como un verdadero hombre y algún día encontrarte con la conciencia en paz ante tu Creador.

Un acceso de tos interrumpió por unos instantes las palabras del anciano. Francisco le acercó el jarro a los labios y pronto el clérigo volvió a respirar con tranquilidad.

—Hijo mío —dijo al fin el sacerdote—, busca por encima de todo la Verdad. No te fijes en quién te la comunica o de dónde procede. Sólo asegúrate de que lo es. Persíguela y cuando la encuentres, aférrate a ella como si fuera tu propio aliento. No, más que a tu propio aliento, porque por la Verdad debes estar dispuesto incluso a morir. Si así te comportas, Francisco, no perderás este mundo y además ganarás el otro, porque ¿de qué le sirve a un hombre ganar todo el orbe si pierde su alma?

Aquella referencia a la pérdida del alma volvió a centrar la atención de Francisco en el estado de salud del anciano, e inmediatamente pensó en la conveniencia de que se preparara para un tránsito mejor al otro mundo.

—Tío mío —dijo titubeante—, vuestra salud es débil. Es cierto que, gracias a Dios, os hallo animoso, pero...

—Pero crees que debería ponerme a bien con Dios, que debería confesarme —le interrumpió don Pedro.

Francisco asintió con la cabeza.

—No lo he menester —dijo el clérigo.

Por primera vez desde que había entrado en la habitación, Francisco temió que su tío hubiera perdido la razón. Por un instante, dudó si debía insistir, pero el pánico a que don Pedro se condenara en el último momento le impulsó a ello sin titubear.

—Señor —dijo con voz firme, pero respetuosa— reparad en que pronto deberéis comparecer ante Nuestro Señor. Fuerza es que lo hagáis limpio de pecado...

—Francisco —dijo el anciano—, ningún hombre, salvo Aquel que murió por mí en la cruz, puede limpiarme de mis pecados. A Él he confesado todas mis culpas que, bien lo sé, han sido muchas, a Él me he encomendado y a Él pienso encontrar cuando muera, porque sé que no rechazará a quien tanto ha deseado acercarse a Él en vida.

Hubiera deseado discutir lo que acababa de escuchar, redargüirlo, refutarlo, pero, en lo más hondo de su alma, aquellas palabras le parecieron revestidas de una veracidad tan sólida como el granito y tan perenne como el bronce. Durante las horas siguientes permaneció al lado del anciano departiendo con él. Así, de manera tranquila y sosegada, como una bujía que se agota para dar luz y con ella entrega la vida, don Pedro de Lerma exhaló su último aliento.

5

Wittenberg, 1541

Poco antes de expirar, don Pedro consiguió arrancar de Francisco la promesa de que seguiría estudiando cada día el Nuevo Testamento en su lengua original y le sugirió que se encaminara a Alemania, a la ciudad de Wittenberg, para pulir unos conocimientos que eran incipientemente prometedores.

Francisco regresó a Lovaina, pero por poco tiempo. Como si los últimos momentos pasados al lado de don Pedro de Lerma hubieran significado para él la sumisión a un hechizo, arregló sus asuntos de la mejor manera y partió para Wittenberg. Fue precisamente el 27 de octubre de 1541 cuando se matriculó en la universidad de la ciudad.

Su profesor, un personaje de carácter agradable llamado Felipe Melanchton, le brindó alojamiento en su propia casa.

No le costó al joven español encontrarse a gusto en aquel medio. Las clases eran dispensadas en un latín pulido y cultivado, dotado de elegancia pero, a la vez, de profundidad y elevación. Y así, ganado por la voluptuosidad del saber, se fue deslizando, casi sin percatarse de ello, hacia un estado de ánimo que hasta entonces no había conocido.

Hay personas que pueden señalar con precisión el día en que cambió su vida. Francisco de Enzinas no lo haría en los años venideros, pero esa jornada existió. Fue durante el invierno de 1541. Melanchton había asignado a sus alumnos la traducción de distintas secciones de la Epístola de san Pablo a los Gálatas. En el curso de las clases no sólo debían demostrar su pericia en el conocimiento del griego, sino además comentar siquiera brevemente los pasajes que habían traducido. A Francisco, el estilo del apóstol se le hizo difícil. Tenía la impresión de que había dictado más que escrito aquella carta. Le daba la sensación de que incluso había sido presa de una gran agitación al hacerlo. En su mente giraba la imagen de un hombre recorriendo la habitación a grandes zancadas y dictando a un amanuense[1], cuando de manera inadvertida Felipe Melanchton entró en la habitación y se acercó a su escritorio.

—¿Cómo va vuestro trabajo, Dryander? —le preguntó.

Francisco dio un respingo al escuchar aquellas palabras tan inesperadas. Incluso necesitó un instante para darse cuenta de que Dryander era él. Había helenizado así su apellido castellano de Enzinas por seguir una moda común entre los humanistas, pero todavía no se había hecho a que se dirigieran a él de esa manera. Al percatarse de que se trataba de su maestro, Francisco hizo ademán de incorporarse en señal de respeto, pero Melanchton le posó la mano en el hombro y se lo impidió.

—No, no os levantéis —dijo con una sonrisa Melanchton—. Bueno, ¿qué os parece lo que traducís?

1 Amanuense: Persona que tiene por oficio escribir a mano, copiando o poniendo a limpio escritos ajenos o escribiendo lo que se le dicta. Escribiente de un despacho, oficina o tribunal.

—La verdad... —comenzó a decir Francisco.

—¿Sí? —preguntó Melanchton.

—Bueno, la verdad es que su estilo me resulta un tanto tosco... No deseo causar ofensa a nadie, pero da la impresión de que el apóstol no se cuidaba mucho de cómo decía las cosas, y quizá, si se me permite decirlo, era víctima de una gran agitación cuando escribió la Epístola...

—Hmm —dijo Melanchton acariciándose la barbilla—. Sois un buen observador. Es cierto que el texto griego es arrebatado, duro, incluso áspero, pero ¿por qué creéis que es así?

Francisco guardó silencio unos instantes. De improviso se percató de que al traducir el pasaje asignado de la Epístola se había detenido más en los aspectos formales que en su contenido material. Le habían llamado la atención la sintaxis, el estilo, la utilización de las palabras, pero sí, era verdad, apenas había reparado en lo que decía.

—Pues, señor —dijo al fin—, debéis dispensarme, pero no me he parado a reflexionar sobre ello.

Felipe Melanchton volvió a sonreír con suavidad y buscó un taburete donde sentarse. Lo hizo al lado de Francisco, y para poder mirarle de frente apoyó su codo izquierdo en el escritorio.

—Veréis —comenzó a decir—, es muy posible que ésta sea la primera epístola que escribió san Pablo. Es, desde luego, anterior al concilio de Jerusalén del que nos habla san Lucas en los Hechos de los Apóstoles. Hacía tiempo que san Pablo se había convertido de resultas de la aparición de Jesús en el camino de Damasco, pero muchos se resistían a aceptarlo como un hermano. No es extraño. Hasta sólo unos días antes los había perseguido con la peor de las sañas. Con el paso del tiempo, fue quedando de manifiesto que san Pablo era un verdadero creyente, pero seguían sin faltar los que desconfiaban de él. No era una desconfianza noble, por otra parte. En realidad, no eran pocos los que deseaban convertir el cristianismo en una simple forma más del judaísmo. Insistían en que había que guardar la ley de Moisés, en que a menos que se realizaran ciertas obras, ciertos ritos, nadie podía salvarse. En otras palabras, el que llevaba a cabo ciertas ceremonias, el que obedecía determinados mandamientos se ganaría la salvación, el que no, simplemente se condenaría.

—Pero, maestro —interrumpió respetuosamente Francisco—, hay una buena parte de verdad en ese razonamiento. La salvación la obtenemos por sumar a nuestra fe las obras que nos manda la Santa Madre Iglesia...

Melanchton se acarició la barba. De sus labios había desaparecido la sonrisa, pero en sus ojos se agazapaba un brillo risueño.

—Eso precisamente es lo que niega san Pablo en su carta —dijo al fin.

Francisco se quedó atónito al escuchar aquellas palabras. Si hubiera podido contemplarse, se habría percatado de que la mandíbula inferior se le había descolgado, dejándole la boca abierta en un gesto de innegable asombro.

—Pero... pero, señor —balbuceó—, lo que acabáis de decir... bueno, se opone a la enseñanza del papa, y nadie...

—¿Y nadie debería enfrentarse a su enseñanza? —preguntó Melanchton.

Francisco asintió con la cabeza mientras sentía cómo el desconcierto se apoderaba de su ser con una fuerza incontenible.

—¿Me permitís? —dijo Melanchton tendiendo sus manos hacia el texto griego de la Epístola a los Gálatas. Francisco se apartó para que su maestro pudiera asir el libro. Melanchton lo tomó con seguridad y buscó en sus páginas hasta dar con el pasaje que deseaba leer.

—Sí, aquí está, al final del capítulo segundo —dijo—. Escuchad lo que dice el apóstol: «cuando Pedro vino a Antioquía, le resistí cara a cara porque actuaba de una manera digna de condena...», y sigue más adelante: «cuando vi que no andaban rectamente conforme a la verdad del Evangelio dije a Pedro en presencia de todos: si tú, siendo judío, vives como los gentiles y no como los judíos ¿por qué obligas a los gentiles a judaizar? Nosotros, que somos judíos de nacimiento y no pecadores de entre los gentiles, sabiendo que el hombre es justificado no por las obras de la ley, sino por medio de la fe en Jesucristo, nosotros mismos hemos creído en Cristo Jesús, para ser justificados por la fe en Cristo y no por las obras de la ley, ya que por las obras de la ley no se justificará nadie».

Francisco se precipitó sobre el texto y lo arrancó de manera casi desconsiderada de las manos de Melanchton. Releyó aquellas líneas una vez, dos, tres y, al hacerlo, sintió cómo la sangre se le agolpaba en el rostro. Cuando levantó la mirada pudo observar la cara, ahora seria, de su maestro. Este se mantuvo en silencio todavía un instante.

—Los primeros cristianos sabían de sobra que la salvación no nos es dada por ejecutar ceremonias o realizar ritos. Es un regalo que Dios otorga al que tiene fe en Jesús. Naturalmente, esa doctrina no era agradable para muchos. En ella se contiene la clara afirmación de que nada podemos hacer para salvarnos, salvo aceptar humildemente lo que Dios nos da. Por eso comenzaron a insistir en que la salvación debía estar unida al cumplimiento de las obras de la ley. El mismo san Pedro, sin creer en ello, decidió sumarse a esa conducta, seguramente para no tener que enfrentarse con la oposición de otras personas. Pero cuando lo hizo, la reacción de san Pablo no pudo ser más terminante. Se opuso en público a él y le recordó que nadie, absolutamente nadie, puede salvarse por las obras sino sólo por la fe en Cristo Jesús.

—Pero... pero —tartamudeó Francisco—, ¿cómo puede existir entonces garantía de que la gente se comportará como si fueran verdaderos cristianos? ¿Acaso no dirán que son cristianos, que tienen fe y luego actuarán como paganos?

Felipe Melanchton sonrió y volvió a acariciarse la barba.

—Es una objeción sensata, pero parte de un concepto erróneo de lo que es la fe. Para muchos, la fe es credulidad, es superstición, es sometimiento a pastores que desconocen la Palabra de Dios. No hace falta que os diga, Dryander, que nada de eso es fe. La fe es aceptar humildemente aquello que Cristo hizo por nosotros en la cruz, su sacrificio expiatorio por nuestros pecados. El que acepta eso por fe, comienza una nueva vida. Permitidme que os lea las últimas palabras de este capítulo de la Epístola a los Gálatas...

Fue el mismo Francisco el que tendió esta vez el libro en griego a Melanchton. Éste localizó fácilmente el pasaje y leyó:

—«Con Cristo he sido juntamente crucificado y ya no vivo yo sino que es Cristo el que vive en mí y la vida que vivo en la carne, la vivo por la fe en el Hijo de Dios, que me amó y se entregó por mí. Así, no anulo la gracia de Dios, porque si se pudiera alcanzar la justificación por la ley, entonces Cristo murió en vano».

Melanchton concluyó la lectura y miró a Francisco.

—Dryander —dijo con voz serena—, sólo aquel que ha recibido por fe a Cristo, que se ha convertido a Él como su Señor y Salvador, puede vivir una vida conforme a los principios del Evangelio. Es lógico que así sea porque si fuera posible que nos salváramos por ser buenos, por ejecutar ceremonias, por realizar ritos, no habría hecho falta que Dios se hubiera encarnado para morir en la cruz por nosotros.

—Pero, señor —preguntó Francisco—, ¿entonces no sirven de nada las bulas, las ofrendas, los rezos a los santos, las peregrinaciones...?

—Vos mismo tendréis que responderos a esas preguntas —contestó Melanchton—, pero no lo hagáis partiendo de lo que dicen los papas. Ésos, como sucedió con san Pedro, son simples seres humanos que se equivocan y que incluso pueden buscar más el aplauso de los hombres que la fidelidad al mensaje del Evangelio. Si queréis hallar la Verdad, y con ella la salvación, buscadla en la Biblia. Y ahora debo dejaros. Si no traducís la porción que os he asignado tendré que dispensaros mañana un correctivo y, francamente, no lo deseo.

Francisco siguió con la mirada a su maestro de griego mientras abandonaba la habitación. En aquellos momentos lo ignoraba, pero en su vida había penetrado una nueva forma de ver las cosas. A partir de ese momento, sobre él pesarían más los argumentos que podía ir deduciendo de la lectura del Nuevo Testamento que cualquier enseñanza anterior que hubiera recibido en España, en París o en Lovaina. Quizá otro se hubiera sentido intimidado por aquel proceder, pero en su caso tuvo el efecto contrario. Sentía, quizá sin percatarse del todo de ello, que así le era fiel a su tío, el desdichado don Pedro de Lerma, que le había encomendado en su lecho de muerte buscar la Verdad y aferrarse a ella incluso aunque le costara la vida.

Aquel cambio tuvo también un efecto adicional en su existencia. A partir de entonces no sólo consideró a Melanchton como a un helenista sabio y exquisito. Lo vio también como a un magnífico expositor del Evangelio y, sobre todo, como a un hombre bueno. Nunca oyó de él una mala palabra, una censura, un reproche, una mofa. Le escuchaba siempre con paciencia, sin pretender imponerle sus puntos de vista. Pero sus comentarios, sencillos y certeros, iban confirmando las conclusiones a las que él iba llegando por su cuenta leyendo el Nuevo Testamento.

Así, nació en él un enamoramiento por el contenido de aquellas páginas escritas casi milenio y medio atrás. Seguía interesado en Tácito y en Platón, en Cicerón y Plutarco, por supuesto también en Erasmo, pero su amor por ellos era pálido en comparación con el que le inspiraban los Evangelios y las Epístolas escritas por los apóstoles. De esta manera, llegó a la conclusión de que lo mejor que podía hacer por su nación, por la España a la que recordaba cada vez más en sentidos jirones[2] de nostalgia,

---

2 Jirones: De jirón. Pedazos desgarrados de un todo.

era traducir el Nuevo Testamento y ponerlo al alcance de todos, fueran doncellas o hidalgos, monjes o matronas, ladrones o niños. Si ellos lo leían, si convertían sus palabras en carne de su carne y sangre de su sangre, no tenía la menor duda de que la reforma de la Iglesia sería un hecho y de que de esa circunstancia sólo podrían derivar bendiciones para la nación.

Melanchton no necesitó pronunciar un largo discurso para encomiar aquella decisión una vez que tuvo conocimiento de ella. Se limitó a estrecharle contra su pecho y a mirarle después a los ojos con emoción mal contenida. De esta manera, Francisco dio inicio a una obra que determinaría el resto de su vida.

6

Wittenberg, 1543

Tardó casi dos años en concluir su labor. En ella empleó todo su caudal, todo su tiempo y todo su corazón. Poco a poco, igual que si se tratara de las figuras imponentes de un fresco policromado, de su pluma fue surgiendo la traducción de los cuatro Evangelios, de los Hechos de los Apóstoles, de las Epístolas apostólicas y, finalmente, del libro del Apocalipsis. Fue la suya una traslación[1] clara, sonora, brillante incluso, en virtud de la cual el griego koiné[2] del Nuevo Testamento encajó de manera armónica en las estructuras idiomáticas del castellano.

Entonces, una vez que la hubo concluido, adoptó una decisión trascendental. Se la dedicaría al emperador y se la entregaría en persona.

—Es una acción no exenta de riesgos... —comentó meditabundo Felipe Melanchton al escuchar su propósito.

—No me importa —respondió impetuosamente Francisco.

—Y eso os honra, Dryander —le contestó Melanchton—, pero la prudencia en ocasiones no es mala

---

1 Traslación: Traducción a una lengua distinta.
2 Griego koiné: griego común que se hablaba en los tiempos de Jesús.

consejera. Hace dos, tres años..., quizá entonces el emperador...

—¿Y por qué no ahora? —preguntó irritado Francisco—. ¿Qué diferencia existe?

—Dryander —respondió Melanchton—, en el año cuarenta, el emperador viajó a Flandes a sofocar la rebelión de los habitantes de Gante. Hacía ya cinco años que se habían alzado contra él, pero la guerra con Francia le había impedido reducirlos a la obediencia. Cuando en el treinta y ocho llegó a la paz con los franceses quedó con las manos libres, pero aún esperó un tiempo para poder recuperar la ciudad sin derramar sangre. Finalmente, entró en Gante acompañado de la reina María, la gobernadora de los Países Bajos. Esto no debería haber significado nada, pero...

—¿Pero...? —interrumpió Francisco empujado por la ansiedad.

—Pero el emperador acudió a Gante acompañado de clérigos que comenzaron a decirle que sólo había una manera de salvar el reino que había recibido de sus antepasados y que ésa era ayudar a la Iglesia...

—Entendiendo por Iglesia a ellos mismos, sospecho —dijo Francisco con gesto de pesar.

—Sí, así fue. El emperador accedió entonces a prohibir todos los libros escritos por alemanes sobre materias sacras en los últimos veinte años, las composiciones musicales en lengua vulgar, las reuniones privadas para leer la Biblia, aunque fueran incluso de carácter familiar, el trato con cualquiera que estuviera relacionado con esas conductas, y la enseñanza o discusión acerca de las Sagradas Escrituras.

Francisco guardó silencio por un instante. Sentía una mezcla de angustia, pena y rabia que corroía su corazón como si fuera una piedra de amolar.

—¿Sabéis qué castigos se establecieron para esas conductas? —preguntó al fin.

—Dryander —dijo apesadumbrado Melanchton—, el que realice esos comportamientos o, conociéndolos no los delate, incurrirá en pena de muerte y en la confiscación de todos sus bienes. Si es un varón será consumido en la hoguera, y si se trata de una mujer, se la enterrará viva. En cuanto a sus familias, se verán sujetas a un baldón eterno...

—Baldón eterno merecen quienes inspiran esas normas, quienes las dictan, quienes las ejecutan —protestó con vehemencia Francisco.

—Sí, tienes razón —concedió Melanchton—, pero si imprimes ese libro... si lo haces, y debes hacerlo, recuerda que se trata de un libro prohibido y que puede costarte la vida.

Francisco guardó silencio por un instante y luego dijo con voz decidida:

—Eso, maestro, no me importa.

7

Lovaina, 1543

Partió Francisco de Wittenberg con sentimientos encontrados debatiéndose en el fondo de su corazón. El viaje resultó penoso hasta que alcanzó la Frisia oriental, donde se detuvo para entrevistarse con algunos antiguos conocidos como Jan Laski. Incluso se desvió algo del camino para visitar la abadía de Aduard, donde residía un antiguo condiscípulo. Luego, desde allí se dirigió a Lovaina.

El corazón de Francisco se iba alegrando a medida que se acercaba a la ciudad donde había pasado tan buenos tiempos años atrás. Pensaba, con bastante alegría, que antes de echarse a la calle para tantear la situación podría visitar a los amigos que había hecho antaño y, a través de ellos, conocer cómo era la situación religiosa.

No le costó volver a reunirse con algunos de sus condiscípulos. Una tarde media docena de ellos se reunió en la casa de uno de los más acomodados. Sobre la mesa habían reunido carne y vino, pastelillos y fruta. Sólo el ver la manera en que habían empleado su tiempo y su caudal en agasajarle proporcionó a Francisco un gozo extraordinario. Una de las bendiciones anejas[1] a la amistad es la de sentir que se es importante para alguien, que se es apreciado y estimado incluso por encima de los méritos reales, que se puede contar con un hombro en el que apoyarse cuando el albur se revela contrario.

El aderezo de la mesa le decía a Francisco que todo aquello era verdad y que, tras el amor del que hablan las Escrituras, la relación más noble que puede existir entre dos personas es la de amistad.

—Sentaos, sentaos, Francisco —dijo un joven regordete de cara redonda—. Habéis estado fuera más de dos años y, sin duda, tendréis mucho que contarnos.

Sonriente, Francisco tomó asiento y dirigió su mirada satisfecha a los comensales.

—Hablad, sí, hablad —voceó otro—. Lovaina es una aburrida ciudad universitaria y vos que habéis recorrido otros lugares podréis sacarnos de nuestro aburrimiento.

—¿Dónde habéis estado, Francisco? —preguntó risueño uno de los comensales, sentado a un extremo de la mesa.

—En Alemania —respondió el español con la secreta esperanza de que aquella respuesta provocaría la curiosidad de sus compañeros y podría así compartir con ellos las razones que le habían traído a regresar a Lovaina.

Sin embargo, lo que sucedió entonces distó mucho de asemejarse a lo que Francisco había esperado en sus ensueños. Apenas se escuchó la palabra «Alemania», los rostros de los presentes se demudaron y comenzaron a agitarse incómodos en los asientos.

---

1 Anejas: Unido o agregado a alguien o algo; con dependencia, proximidad y estrecha relación respecto a él o a ella

—¿De... Alemania? —preguntó tras unos desagradables instantes de silencio uno de los comensales.

—Sí... Y, bueno... ha sido un tiempo maravilloso... Los alemanes... los alemanes son un pueblo que busca la Verdad. Se han entregado al estudio de las Santas Escrituras y persiguen con un celo envidiable la reforma de la Iglesia. Creo que...

Francisco no terminó la frase. La totalidad de los presentes estalló en airados aspavientos y protestas acaloradas.

—No sabéis lo que estáis diciendo —acabó alzando la voz uno de los presentes—. Esos alemanes son unos esclavos endemoniados de la herejía. De esa tierra proceden todos los males que ahora mismo desgarran la cristiandad, que están causando estragos en vidas y haciendas, que trastornan el universo orbe...

Para sorpresa de Francisco, todos los presentes asintieron ruidosamente a aquellas palabras. Incluso un par de ellos golpeó la mesa con sus jarros de vino como si consideraran que ésa era la mejor manera de subrayar la solidez de sus argumentos.

Fue una comida amarga. Sin que nadie se atreviera a proponerlo, todos cambiaron de tema de conversación y no volvieron a mencionar los viajes de Francisco. Sonreían, alzaban la voz, incluso lanzaban alguna carcajada, pero al español no se le ocultaba que todo era vano fingimiento y que debajo de la tenue y poco consistente capa de disimulo se ocultaba el temor más descarnado. Era un miedo frío cuyos orígenes no terminaba de dilucidar, pero que tuvo el poder suficiente como para convertir en desabridos los manjares y aguar un vino que ya de por sí no era demasiado fuerte.

Le abrazaron cuando se dispuso a abandonar la sala, pero en sus gestos también percibió inconsistencia e incluso el deseo de que se marchara cuanto antes. Apenas había pasado un par de callejuelas cuando escuchó con toda claridad unos pasos que se movían detrás de él. Sin poderlo evitar, una sensación de temor sordo y difuso se le aferró al pueblo. Pensó en apretar el paso pero, al final, desistió de hacerlo. ¿Qué podría desear nadie de él? Entonces redujo la ya de por sí escasa velocidad de sus pies y permitió que aquellas pisadas lo fueran alcanzando. Debía hallarse ya a muy poca distancia de él cuando escuchó que decían en un tono amortiguado de voz:

—¡Francisco, Francisco, esperad!

Sorprendido, el español detuvo totalmente sus pasos. No se trataba de un ladrón pero... Sí, era Jean, uno de sus antiguos condiscípulos.

—¿Qué me queréis, señor? —preguntó Francisco con una voz ligeramente temblona.

Jean bajó la cabeza. Era consciente de que no se había comportado correctamente con su antiguo amigo y ahora se sentía muy avergonzado.

—Francisco —dijo al fin—, tenéis razones de sobra para sentiros agraviado, pero... pero vos no sabéis lo que sucedió anoche.

—Señor —respondió Francisco—, es cierto que nada sé de lo que me habláis, pero ¿creéis vos que es justa la manera en que habéis tratado a un antiguo amigo? ¿Es ésa la forma apropiada de recibirlo después de años de ausencia?

—No, Francisco, tenéis razón —reconoció Jean—. Todos deseábamos celebrar vuestro regreso... habéis visto cómo nos esforzamos en agasajaros con manjares... Pero anoche...

—¡Por Dios! —le interrumpió Francisco—. ¿Qué es lo que sucedió anoche?

Los ojos de Jean se llenaron repentinamente de un agüilla que amenazaba con desbordarlos. Aquella inesperada muestra de pesar sorprendió a Francisco.

—Dispensad —dijo apesadumbrado el español—. No quería...

—No. Sois vos quien debéis perdonarme a mí —dijo alzando la mano Jean—. Os hemos hecho pagar el miedo que se ha apoderado de nosotros desde ayer. No os pido que nos disculpéis, pero sabed, señor, que cuando las tinieblas cubrían totalmente la ciudad, cuando todos dormían esperando recuperar fuerzas, cuando nadie podía socorrer a sus parientes o amigos, el procurador general ordenó la detención de veintiocho habitantes de esta ciudad por poseer libros prohibidos...

—¿Cómo decís? —le interrumpió Francisco.

—Seguramente pensaban que al amparo de la noche nadie se percataría de lo que estaban haciendo —prosiguió Jean como si no hubiera escuchado la pregunta del español—, pero lo que sucedió fue muy distinto. Cuando los niños vieron que irrumpían en sus casas hombres cargados de cadenas y llevando antorchas, rompieron a llorar desconsolados. Si eran criaturas muy pequeñas las movía el temor a lo desconocido, a lo monstruoso, pero si se trataba de niños más crecidos gritaban porque sospechaban que con sus padres se iba su vida y que nadie les proporcionaría ahora alimento ni abrigo. Las mujeres intentaban despedirse de los esposos, los maridos de sus esposas, los padres de los hijos, los niños de sus progenitores, pero aquellos villanos no se lo permitieron.

Francisco contempló espantado a Jean. Su antiguo amigo había comenzado ahora a llorar y cada vez que abría la boca para pronunciar una frase, temblaba más, dando la impresión de que podía desvanecerse en cualquier momento.

—Y en rigor ¿por qué les hicieron esto, Francisco? ¿Qué maldad habían cometido? ¿Os habían hecho algo a vos, a algún particular, al rey? ¿Acaso habían desposeído de su hacienda a alguien? ¿Acaso habían menoscabado la honra de alguien con sus palabras o actos? ¿Habían pretendido saquear el erario público o arrancar la vara de mando de las autoridades para colocarse ellos en su lugar? Todo ha sido porque se reunían en las casas a leer las Santas Escrituras, porque tenían en sus bibliotecas algún fragmento de los Evangelios en lengua vulgar... Ésos eran los libros prohibidos que buscaban.

Francisco se acercó a Jean y lo abrazó. Entonces, como si se hubiera roto la débil compuerta que aún sujetaba sus sentimientos, el joven rompió a llorar de una manera convulsa y descontrolada las lágrimas que desde la noche anterior pugnaban por salir de sus ojos.

8

Lovaina, 1543

Las semanas siguientes constituyeron una insoportable agonía para Francisco. Primero, tuvo que cambiar de alojamiento porque había corrido la voz de que había estado en Alemania y sus hospedadores lo miraban con malos ojos. Luego debió soportar la visita de parientes que lamentaron la manera en que, por querer aprender, se había maleado, viajando a un país donde de manera tan nefasta para el bien de personas, almas y haciendas se permitía la libertad de conciencia. Sin embargo, lo que más turbación causó a Francisco no fue el rechazo de la gente cercana a él, sino la manera en que eran tratados los que habían sido prendidos la noche antes de llegar él a Lovaina.

La manera en que se les confinó sin permitirles tener contacto con sus familiares, en que se les sometió a tortura para que confesaran y en que, finalmente, se les entregó al brazo secular para que les arrancara la vida sin tener en cuenta si se trataba de gente ilustrada o iletrada, hombres o mujeres, jóvenes o ancianos, provocó en Francisco la convicción de que aquellos comportamientos no podían corresponder a la verdadera fe. Una noche, se había retirado a la soledad del cuartucho que le habían alquilado en uno de los arrabales de la ciudad, cuando comenzó a preguntarse qué era lo que debía hacer. En momentos así, acostumbraba a orar durante un rato, esperando que el Señor le concedería la Luz suficiente como para saber el camino que debía seguir. Podía decirse que nunca había quedado defraudado por aquel comportamiento. No es que siempre recibiera una respuesta inmediata, pero, al menos, sentía una serenidad que le permitía enfrentarse con los problemas de mejor manera. Aquella noche, la turbación que se había apoderado de él no se disipó cuando terminó de orar. Todo lo contrario. Incluso tuvo la impresión de que aquel malestar se había encrespado todavía más y que ahora lo azotaba con una fuerza más acusada.

Fijó la mirada en sus alforjas. En ellas se guardaban los papeles donde estaba escrita la traducción del Nuevo Testamento. Tinta, tiempo, trabajo... Quizá lo mejor sería reconocer que aún no era el momento, que igual que no puede pretenderse recoger uvas en enero resultaba ocioso intentar publicar ese libro cuando estaba reciente la prohibición que pesaba sobre escritos considerados peligrosos. Colocó el codo izquierdo sobre la mesa de madera basta que había en la habitación y descansó la mejilla en la palma de la mano. Había hecho un buen trabajo —de eso no cabía duda— pero quizá, como los escultores que habían labrado las esculturas situadas en los cimborrios[1] de las catedrales, no debía esperar que lo vieran los hombres, sino que Dios lo

---

1 Cimborrios: Cuerpo cilíndrico que sirve de base a la cúpula y descansa inmediatamente sobre los arcos torales.

contemplara y le premiara un día, allí, en el mundo
venidero.

Habían llegado sus pensamientos a ese punto
cuando se le deslizaron inadvertida e involuntaria-
mente hacia el pasado y, como casi siempre, aquellas evocaciones de lo acontecido antaño se le pre-
sentaron teñidas de una triste melancolía. Correteos
por las calles de Burgos, varazos propinados por
preceptores poco pacientes, las aulas de Alcalá, don
Pedro de Lerma... Cuando su memoria llegó a don
Pedro sintió que el corazón se le encogía. Se arre-
molinaron los recuerdos de iglesias visitadas para
negar lo que había afirmado durante años y luego
el llanto en el camino hacia Burgos y, sobre todo,
su muerte en París. París..., sí, la ciudad soberbia y
superficial tan distinta de Wittenberg... Allí era donde había perfeccionado su conocimiento del griego,
donde había traducido la carta a los Gálatas, donde
había trabado amistad con Melanchton, donde había realizado aquella traslación de las Escrituras a
la lengua castellana...

Con gesto inconsciente, Francisco se enjugó las
lágrimas que habían comenzado a poblar sus ojos.
Quizá hubiera debido sentir temor, prudencia, pavor... cualquier cosa que le llevara a desistir de su
testarudez por imprimir un libro prohibido. Sin embargo, en lugar de amedrentarse por lo que había
pensado, por lo que estaba sucediendo en Lovaina
en los últimos tiempos, el corazón de Francisco comenzó a experimentar una reacción totalmente con-
traria. Paulatinamente, fue sintiendo la convicción
de que a menos que aquella situación cambiara nadie podría tener ninguna seguridad de que su existencia, su hacienda o su familia serían respetadas.

La delación, la sospecha, el odio, la envidia, la ignorancia, el fanatismo podían poner en funcionamiento un mecanismo diabólico que, una vez iniciado, sólo se detendría después de haber acabado con la existencia de los inocentes atrapados en su seno. No, se dijo Francisco, la solución no podía ser nunca esconderse o huir. Eso serviría únicamente para retrasar el momento en que también él, como tantos otros, sería aniquilado por aquel Leviatán ansioso de poder. La única salida era desarticular aquella tupida maraña de maldad que se cobijaba bajo el manto de querer gobernar a la Iglesia de Cristo, y eso sólo podría lograrse si la gente, del emperador al último de los villanos, conocía lo que el Nuevo Testamento enseñaba realmente.

Un día —así lo creía ahora con toda la fuerza de su corazón— todos sabrían que, como san Pablo había escrito a los Gálatas, Dios había llamado a todos los seres humanos a verse liberados por la Verdad, fueran hombres o mujeres, judíos o gentiles, amos o siervos. En la medida en que estuviera en su mano, Francisco estaba dispuesto a acelerar la llegada de aquel día... aunque en ello le fuera la misma vida.

9

Amberes, 1543

Al igual que un paño seco pasado sobre un cristal húmedo deja éste limpio y permite ver a través suyo, las reflexiones de aquella velada aunque penosas también habían resultado iluminadoras para Francisco. Después de lo acontecido durante aquellas horas de vigilia, el joven no volvió a abrigar ninguna duda sobre la necesidad de imprimir su traducción del Nuevo Testamento y de hacerlo cuanto antes. Resultaba obvio que no podría llevar a buen puerto ese propósito en Lovaina, y por ello decidió dirigirse a la ciudad de Amberes.

No se equivocó en la elección. Aunque, prudentemente, solicitó el consejo de varios, encontró en todos los casos un cierto entusiasmo por ver que aquella obra fuera trasladada al papel impreso. Incluso hubo más de uno que le propuso, de manera espontánea y sin que Francisco le confiara nada, que debía entregar aquel libro en propia mano al emperador. El hecho de que surgieran aquellos comentarios y de que incluso no fueran pocos los españoles que lo animaban en su empresa, confirmó a Francisco en su convicción de que estaba transitando el

camino adecuado. Sin embargo, lo que terminó de
afianzarle en ese sentimiento fue un episodio que
vivió a los pocos días de llegar a la ciudad.

Un amigo le había aconsejado que se pusiera en
contacto con un impresor de especial renombre para
llevar a cabo la publicación de su libro y Francisco,
no del todo seguro, se dirigió a su encuentro. Llovía
y mucho aquella mañana y, mientras los relámpa-
gos iluminaban pasajeramente un cielo prematura-
mente oscurecido, el español se preguntaba si no
sería aquel clima un presagio, negativo por más señas, de la acogida que iba a dispensarle el impresor.
Desechó aquel pensamiento como más propio de paganos que de cristianos, pero no pudo evitar que a
medida que el agua fría le calaba el calzado y la ropa
se le extendiera por el cuerpo una desagradable sensación de destemplanza. Así, chapoteando en unos
zapatos empapados y malcubriéndose con una capa
que pesaba el doble por el agua que albergaba, llegó
hasta la imprenta.

Cruzó el umbral con verdadero alivio, no sólo
porque finalmente podía resguardarse de la lluvia,
sino también porque la temperatura que reinaba en
su interior era agradablemente cálida. Un mozo ru-
bicundo con el rostro lleno de pecas levantó la mirada con gesto de interrogación y Francisco le comentó
que deseaba ver al dueño de la imprenta. Mientras el
mancebo se adentraba en unos territorios situados
detrás de una cortina, el español paseó la mirada por
la estancia. Mesas alargadas cubiertas de inacaba-
bles resmas de papel y pulidas estanterías repletas
de incontables libros era prácticamente todo el pai-
saje que se ofrecía ante sus ojos. Había dado unos
pasos para examinar uno de los volúmenes cuando

la cortina se descorrió e hizo acto de presencia un hombre enjuto y vestido de riguroso color negro.

—Me comunica mi mancebo que deseáis hablar conmigo. ¿En qué puedo serviros? —preguntó con gesto adusto pero no descortés.

—Mi nombre es Francisco de Enzinas, señor —comenzó a decir el español.

—El traductor del Nuevo Testamento... —le interrumpió el hombre de negro.

Por un instante, Francisco dudó en responder. Si aquel hombre ya disponía de noticias sobre su trabajo era posible que las informaciones no le hubieran llegado por los canales más adecuados. Quizá ya estaba inficcionado su ánimo por la oposición a su proyecto. En fin, ¿qué se le iba a hacer?

—Sí —respondió con un ánimo que distaba mucho de sentir en aquellos momentos—. Yo soy.

—¿Y buscáis que yo dé al papel vuestra obra? —preguntó el impresor.

—No se me oculta que no es encargo fácil —comentó Francisco mientras sentía cómo la ansiedad se apoderaba despiadadamente de su pecho—. Conozco las normas imperiales del año cuarenta, pero creo que...

—Señor —cortó el impresor—, me sentiré muy honrado de que sea esta humilde casa la que imprima una obra tan meritoria como la vuestra.

Por un instante, Francisco no supo qué responder. Aquellas palabras distaban tanto de la más optimista de sus previsiones que se sintió absolutamente abrumado. Al impresor no se le escapó el estupor que se reflejaba en el rostro del español.

—Soy conocedor —comentó, permitiendo que una sonrisa se reflejara en sus labios— de las prohibiciones promulgadas por el emperador, pero creo que nada de ellas afecta a las Sagradas Escrituras. Los oráculos divinos, de los que los príncipes y los reyes de la tierra han recibido todo lo que han de poder y de dignidad, no pueden estar ligados ni limitados al juicio de ese necio o de aquel otro. Además, en esta misma ciudad se han impreso distintas traducciones del Nuevo Testamento. Permitidme insistir, señor. Si lo deseáis, si es vuestro agrado, mi imprenta y mi oficio se ocuparán de que vuestra traslación sea dada al papel.

—Preparad pues la prensa y lo que sea necesario para la edición —dijo Francisco con una alegría que apenas lograba controlar—. Estoy dispuesto a asumir con placer cualquier responsabilidad que pueda derivar de la traducción. Vos correréis con el riesgo de la edición... No, no, para que os evitéis los reproches de otros, deseo que el libro se imprima a mis expensas.

El impresor se llevó la diestra al pecho y, con un gesto en el que se mezclaba el gozo y la satisfacción, inclinó la cabeza.

La identidad de propósitos de Francisco de Enzinas y del impresor no tardó en dar resultados satisfactorios. Tras recibir el ejemplar manuscrito, el impresor aceleró su trabajo con la intención de darle término cuanto antes. Quizá la prudencia hubiera recomendado que aquella tarea se llevara a cabo en secreto, pero lo cierto es que la noticia de que el Nuevo Testamento estaba en prensa no tardó en correr como si de un reguero de pólvora se hubiera tratado. Aquello, lejos de provocar como en Lovaina una reacción adversa de las autoridades o de la población, se tradujo en una corriente de entusiasmo inusitado. El alojamiento de Francisco estaba constantemente ocupado por gente que acudía a visitarlo para alabar aquel trabajo y desearle todo tipo de parabienes.

En aquella época el joven español se sentía pletórico de entusiasmo, pero, al mismo tiempo, su alegría se iba tiñendo de una templada prudencia que no era, sin embargo, ni deseo de complacer a los hombres ni temor a las consecuencias de sus actos. Fue precisamente por esta razón por lo que aceptó recibir el consejo de un fraile dominico famoso por su erudición. Llegó el religioso a la morada de Francisco una mañana en que estaban también presentes algunos de sus familiares. Ante su presencia, casi como si se tratara de un escrutinio público, con una mezcla de curiosidad, esperanza e interrogación, el joven español tendió un ejemplar ya impreso de la obra al religioso.

Con gesto de meditación, el clérigo abrió el libro y comenzó a recorrer con la mirada sus líneas. Apenas había pasado un instante cuando dejó que un gesto de sorpresa se filtrara sobre su rostro.

—Veo que habéis dedicado vuestra traslación a nuestro emperador...

—Sí —respondió Francisco—, le he antepuesto una carta dirigida al emperador ya que como nuestro señor natural es justo que reciba el primer ejemplar de este trabajo.

El dominico no hizo ningún comentario a las palabras de Francisco y continuó examinando el texto. De repente, sus cejas se elevaron lenta, pero molestamente y, torciendo el gesto, exclamó:

—Esto resulta inaceptable.

—¿Qué, señor? —preguntó inquieto Francisco.

—Este título —respondió irritado el dominico—. ¿Cómo podéis titular vuestra traslación como Nuevo Testamento, esto es, Nueva Alianza de nuestro redentor y *único salvador Jesucristo?*

Por un instante, Francisco no supo qué responder. Le parecía tan obvio y natural aquel título que no se le ocurría lo que podía haber de censurable en él. Al final, sin estar muy convencido de que había acertado en el objeto de la crítica, dijo:

—Veréis, la expresión Nuevo Testamento, aunque utilizada por muchos, es mal entendida por los españoles. Precisamente por hacer más comprensible el término he añadido la aclaración.

—Pues debo deciros que suena a luterano —comentó con tono de advertencia el dominico.

—No hay nada de luterano en esa expresión —respondió Francisco con un timbre de voz en el que se mezclaba el pesar y la ansiedad—. En realidad, donde aparece es en los profetas y los apóstoles. Si rechazáis el término debéis acusar de luteranos a Isaías, a Jeremías y al mismo san Pablo...

—Es cierto —concedió de mala gana el fraile—, pero la palabra Testamento se ha usado siempre más en la Iglesia que la de la Alianza, utilizada por Lutero.

—Pero ese argumento carece de base —protestó Francisco—. Lo más importante no es quién dice algo, sino si ese algo es cierto. No podéis decir que si lo usa Lutero hay que rechazarlo, sino que más bien debéis reparar en que si la expresión usada por Lutero fue antes utilizada, como vos mismo reconocéis, por apóstoles y profetas, es porque Lutero, siquiera en ese punto, está de acuerdo con la doctrina apostólica y profética.

—¡No seré yo quien diga una maldad tan grande como esa de que la doctrina de Lutero está de acuerdo con la de los apóstoles!

—Pues es lo que se sigue de vuestra argumentación... —comentó Francisco.

Por un instante las miradas del español y del dominico se sostuvieron en el aire. Luego, el religioso bajó la vista y comenzó a dar golpecitos con los nudillos en el libro.

—¿Y el añadido de «Nuestro único salvador»? —preguntó molesto.

—Precisamente para denunciar y refutar implícitamente el error peligrosísimo y la atroz blasfemia de algunos compatriotas que han imaginado que además del Hijo de Dios existe algún otro salvador —respondió Francisco, sospechando hacia dónde apuntaba el dominico.

Esta vez el religioso renunció a contenerse.

—¡Válganme Dios y los hombres, pero qué indignidad que un jovenzuelo, que nació hace uno o dos días, pretenda dar lecciones a gente que es más sabia y de más edad que él! ¡Y encima en relación con materias que tienen absolutamente trilladas desde hace años!

Mascullando protestas, se puso en pie y, tendiendo las manos a los parientes de Francisco, gritó:

—Este joven, so capa de piedad, no pretende otra cosa que mezclar el vino envenenado del luteranismo con las palabras del Nuevo Testamento. Si todos vosotros no lo contenéis, tened por seguro que seréis tan responsables de su herejía como él.

Aquellas últimas palabras tuvieron sobre los presentes el mismo efecto que habría provocado un ensalmo. Como si hubieran sido conjurados por un mago perito en sortilegios, todos a una se levantaron de sus asientos y corrieron a convencer a Francisco de lo peligroso de la posición que sustentaba.

Mientras el dominico abandonaba la casa lanzando improperios y realizando aspavientos con los brazos, Francisco intentó responder a las objeciones, presa del pánico, que le planteaban sus parientes.

10

Bruselas, 1543

Por primera y única vez en su vida, Francisco realizó una concesión en lo que a su obra se refería. Decidió suprimir la palabra «único» del título de la obra para impedir que aquel detalle pudiera invalidar el trabajo y la brega de tanto tiempo. Pensó que, a fin de cuentas, si la gente podía leer el Nuevo Testamento llegaría a la conclusión inevitable de que no existía otro salvador aparte de Jesucristo. Así, gracias a un impresor que parecía creer que le iba la vida en aquel proyecto y a fondos que le fueron llegando de los lugares más insólitos, Francisco llegó a ver coronado su trabajo.

Sin embargo, nadie hubiera podido pensar —y menos que nadie el joven español— que el fin de la impresión significaba la conclusión de su tarea. Violentándose enormemente, porque, en realidad, deseaba distribuir cuanto antes el Nuevo Testamento, decidió esperar a poder entregar el primer ejemplar al emperador.

A diferencia de otras personas que ansían la presencia de los grandes y que consideran que llegar hasta la corte es punto menos que alcanzar la antesala del cielo, a Francisco aquella circunstancia no sólo no le atraía, sino que incluso le provocaba una cierta repulsión. Durante toda su existencia, había sido un hombre amante del sosiego, habituado a la vida erudita y a la penumbra del estudio, y temía lo que Jenofonte había denominado «andar entrando y saliendo por las puertas de los poderosos». Por un momento, calibró la posibilidad de encomendar aquella misión a algún amigo, especialmente si era español. Sin embargo, tras considerarlo concienzudamente llegó a la conclusión de que debía ser él quien corriera con cualquier riesgo que pudiera derivar de aquella empresa. Así, una mañana, abandonó Amberes y se dirigió a Bruselas.

Llegó a la ciudad el mismo día y casi a la misma hora que el emperador entraba en ella. Al saberlo, Francisco decidió dirigirse inmediatamente a palacio. Apenas estaba acercándose a sus aledaños cuando lo vio. Era un hombre de piernas delgadas, barba negra y mentón prominente. Como si se tratara de un pastel apetitoso rodeado de moscas, el emperador iba rodeado de un enjambre de cortesanos que parecían tener interés tan sólo en dejar notar su presencia.

Francisco comprendió que en aquellos momentos no podría acercarse hasta su Cesárea[1] Majestad, pero, lejos de sentirse desalentado, percibió en su interior un ánimo renovado. El libro que había inspirado su vida estaba traducido al castellano, la obra había sido impresa correctamente y el soberano en el que había pensado tantas veces estaba ya a su alcance. ¿Acaso era posible interpretar aquello de otra manera que como una sucesión de dones entregados por el Creador a él, que era solamente

---

1 Cesárea: Perteneciente o relativo al imperio o a la majestad imperial.

un modesto estudioso? Regresó a su alojamiento canturreando e incluso se permitió dar alguna leve zapateta en el aire.

Tras reflexionar cuál sería la mejor manera de llegar hasta el emperador, decidió que podría valerse de un personaje de la corte, don Francisco de Mendoza, que además de capellán del emperador era obispo de Jaén. Francisco era consciente de que su tocayo era un hombre erudito que le había mostrado repetidas veces su aprecio y que, de manera muy especial, el año anterior en la Dieta de Spira había dado notables muestras de sensatez. A él se dirigió. Don Francisco de Mendoza lo recibió un sábado. Primero, le escuchó con una grave atención para, de manera casi inmediata, comunicarle que no encontraba nada que oponer a aquella petición. Por el contrario, le manifestó que se sentiría complacido de ofrecerle su colaboración y le prometió que haría todo lo posible para que el emperador acogiera su libro con benevolencia. No sólo eso. En su opinión no tenía ningún sentido dilatar aquel asunto. ¿Por qué no acudir ante la presencia del emperador al día siguiente?

Pasarían los años y Francisco no podría olvidar aquella mañana de domingo en qué se encontró personalmente con el emperador. Se había organizado un extraordinario aparato de instrumentos musicales y niños cantores para celebrar la misa ante el emperador, pero, a diferencia de los cortesanos y curiosos, Francisco decidió mantenerse al margen de la ceremonia y dirigirse a la ciudad a ver a algunos amigos suyos.

Cuando concluyó la misa, el obispo mandó llamar a Francisco y le introdujo en una estancia donde estaba dispuesta la mesa en la que se comentaba que comería el emperador. No tardó mucho en aparecer éste, acompañado de una auténtica nube de nobles. Parecióle al español que aquella figura de piernas delgadas y mentón prominente estaba dotada de una especial majestuosidad mientras se adelantaba hasta la mesa. Llegó ante ella y con gesto solemne se sentó solo, comenzando a comer mientras el resto de la concurrencia lo observaba en pie.

Toda la sala estaba pendiente de los deseos del emperador y procuraba satisfacerlos antes incluso de que éste los expresara. Mientras algunos nobles le escanciaban[2] los vinos, otros le servían la mesa, algunos le traían platos y aquellos retiraban los ya consumidos o simplemente probados. Aquel aparato comenzó, de manera lenta pero inexorable, a calar en el ánimo de Francisco. De repente, le pareció que su entrevista no sólo era difícil, sino que, además, iba a resultar desusada y, sin desearlo, su alma comenzó a acusar un ligero temblor.

Sólo el pensamiento de que su causa era noble y de que por eso mismo tenía que ser apoyada por Dios, le confortó un tanto en aquel ambiente donde se sentía profunda, casi totalmente desplazado. Fue entonces cuando le vino a la mente uno de los salmos del rey David, aquel que dice: «Y hablaba de tus testimonios en presencia de reyes y no era confundido.»

Cuando finalmente concluyó el almuerzo, no sin numerosas y grandes ceremonias, el emperador se puso en pie. Entonces, apoyándose en un fino bastón, se dirigió con paso grave hacia un lugar de la

---

2 Escanciaban: Del verbo escanciar. Echar o servir una bebida, especialmente vino, sidra u otro licor.

sala cuyo acceso estaba abierto a todos, como si quisiera indicar que había llegado el momento de acercarse a él para cualquier cosa que hubiere menester. Quien se aproximó primero al emperador fue un capitán del ejército. Se trataba de un español que se había distinguido por su valor en repetidas ocasiones y al que Carlos honraba con su amistad. Le entregó unas cartas, le besó la mano y charló con él brevemente. Luego, como si deseara impedir que el tiempo transcurriera sin llevar a cabo su cometido, el obispo que respaldaba a Francisco se apresuró a acercarse al César Carlos. El prelado pronunció un discurso breve y solemne en el que enfatizó la importancia del trabajo del joven y, finalmente, suplicó al emperador que tuviera a bien reconocer la calidad extraordinaria de la obra que se le dedicaba. Cambió entonces el César la dirección de su mirada y, posándola sobre la faz de Francisco, le preguntó:

—¿Qué clase de libro venís a presentarme?

—Es, Cesárea Majestad, una parte de las Escrituras Sagradas a las que denominamos Nuevo Testamento, traducido por mí a la lengua española con absoluta fidelidad. En él se incluyen de manera especial la historia narrada por los Evangelios y las epístolas apostólicas. Dado que Vuestra Majestad es defensor de la religión y de la limpia doctrina, hemos decidido convertirlo en juez benigno y tasador de este trabajo. Por ello, asimismo, os suplicamos que, en virtud de la declaración de aprobación de Vuestra Majestad, este libro se vea recomendado al pueblo cristiano gracias al prestigio imperial.

El emperador miró a Francisco con un gesto indefinido que lo mismo podía indicar que sospechaba o que no entendía.

—¿Sois vos el autor de ese libro? —acabó preguntando al fin.

—Cesárea Majestad —respondió Francisco—, su autor es el Espíritu Santo. Inspirados por su soplo, santos varones de Dios publicaron en lengua griega, aunque con destino a todo el género humano, estos divinos oráculos destinados a facilitar nuestra salvación y a llevarnos a comprender nuestra redención. Por lo que a mí se refiere, no soy sino un siervo de ninguna significación y un instrumento carente de valor que ha traducido el libro a lengua española partiendo de los originales.

—¿En lengua castellana? —inquirió el emperador vivamente interesado.

—En nuestra lengua castellana, Cesárea Majestad, y os suplicamos que de acuerdo con vuestra clemencia os convirtáis en defensor de este libro.

—Sé hará lo que pedís —dijo el emperador— siempre, claro está, que no exista nada sospechoso en él.

—No existe nada sospechoso en toda la obra —respondió Francisco inmediatamente— salvo que los cristianos deban considerar como algo sospechoso la voz de Dios que se escucha procedente de los cielos y la redención de su Hijo unigénito, Jesucristo, nuestro libertador que surgió del seno del Padre Eterno.

—Se os concederá —dijo el emperador— lo que deseáis, si el libro resulta ser tal como vos y el obispo decís.

Tras pronunciar aquellas palabras, el emperador tomó el volumen y pasó a la habitación contigua.

Aunque el obispo mostraba, tras su grave recogimiento, una mirada de nada oculta alegría, el corazón de Francisco era un lugar de emociones encontradas.

Por un lado, no podía dejar de sentir gozo al reflexionar sobre la manera en que había transcurrido la entrevista con el César Carlos. Aquel proyecto que en un momento determinado le pareció casi irrealizable, finalmente había sido llevado a cabo con una sencillez, una naturalidad y una facilidad que casi daban la impresión de resultar milagrosas. Sin embargo, junto con esa alegría, en el interior de Francisco se abría paso un sentimiento de profunda tristeza, el que procedía de darse cuenta que un príncipe de tanta relevancia como el emperador desconocía por completo lo que era el Nuevo Testamento y además mezclaba en torpes dudas y en posibles polémicas las mismas Escrituras Sagradas, los oráculos de Dios. Y así, Francisco se retiró a su casa, dividido, casi a partes iguales, entre el gozo de la entrevista y el pesar de la ignorancia.

11

Bruselas, 1543

No había pasado un día completo desde la entrevista con su Cesárea Majestad cuando el obispo amigo de Francisco recibió la petición de que llevara el libro a cierto fraile español, confesor del emperador, para que lo leyera y emitiera un juicio sobre la traducción.

Francisco aceptó la entrevista que se le proponía con el confesor del emperador, un tal Pedro de Soto, sin dudarlo ni un momento. Aunque era verdad que había quedado un tanto desalentado por el desconocimiento que su Cesárea Majestad había puesto de manifiesto en el encuentro del domingo, le quedaba una esperanza nada pequeña de que, al igual que su amigo el obispo, el confesor fuera un hombre instruido y amante de las Sagradas Escrituras que encomiara su tarea y permitiera que fuera conocida por todos los súbditos del emperador.

Lo recibió sentado en un sillón de amplio y elevado respaldo, con su traslación apoyada sobre las piernas. No se levantó a saludarle, pero la sonrisa que afloró a sus labios y el gesto gentil de la diestra con el que le indicó que podía tomar asiento tranquilizaron momentáneamente a Francisco. El fraile esperó unos instantes a que se acomodara y luego acentuó el rictus sonriente antes de tomar palabra.

—He leído algunas porciones de vuestra traslación con enorme interés —comenzó diciendo— y debo deciros que me sorprende en alguien tan joven un conocimiento tan agudo de nuestra lengua.

Francisco contuvo como pudo la satisfacción que le producían aquellas palabras. Se trataba, sin duda, de un preámbulo, pero, en cualquier caso, era un preámbulo tan grato que resultaba imposible no sentirse contento y, a la vez, aliviado.

—Os agradezco vuestras palabras... —comenzó a decir con un tono que pretendía que resultara de gratitud, pero no de adulación.

—Sólo os estoy diciendo la verdad —prosiguió Pedro de Soto—. En lo que a la lengua se refiere no encuentro ningún reparo que oponer a vuestra obra.

«En lo que a la lengua se refiere...». Fue una impresión que duró un instante, menos que cualquier suspiro breve emitido por un corazón apesadumbrado, pero, de repente, como si fuera un animal al que se acecha, Francisco sintió una levísima señal de peligro que se extendía por todos sus miembros, fijándose al final sobre la boca del estómago.

—Con todo —prosiguió el religioso en tono más pausado— hay una cuestión que desearía dilucidar con vos...

—Decid —señaló Francisco, intentando ocultar la inquietud que se iba agrandando por momentos en su pecho.

—Veréis, para que pueda dar un dictamen veraz y completo a nuestro señor natural me es menester que me informéis de la finalidad que perseguís con esta obra —dijo el religioso.

—Señor —respondió Francisco—, lo que se desea aparece reflejado con claridad en la carta preliminar que precede a la traslación. Mi interés mayor es que la gente sencilla, los hombres, las mujeres y los niños, nobles y villanos por igual, puedan conocer por sí mismos las enseñanzas de Nuestro Salvador, tal y como quedan recogidas en los Evangelios y en las epístolas apostólicas. Creo que...

—Eso era lo que yo barruntaba[1] —le interrumpió el religioso—. Naturalmente, no deseaba imputaros tan graves propósitos sin que antes fuerais vos el que, en virtud de vuestras propias palabras, así me lo confesarais.

«Graves propósitos», «confesarais»... aquellas palabras cayeron sobre el ánimo de Francisco como si hubieran sido los golpes procedentes del martillo de un picapedrero. ¿Qué estaba insinuando aquel hombre? ¿De qué maldad pensaba acusarle? ¿Qué se suponía que había hecho él, Francisco de Enzinas, contra ninguna ley divina o humana?

—Señor, temo que... —comenzó a decir Francisco, pero no pudo concluir.

—No dudo —prosiguió el fraile sin dejarle continuar— que en vuestra inexperta juventud pensáis que estáis haciendo alguna obra meritoria.

—Lo cierto es que...

—Bien —dijo Pedro de Soto—, si vuestra firme decisión es la de publicar ese texto, no seré yo el que me atreva a disuadiros. Pero por el amor que os tengo, tan sólo os aconsejo que no confiéis tanto en él

---

1 Barruntaba: Del verbo barruntar, Prever, conjeturar o presentir algo por alguna señal o indicio.

que luego sintáis pesar cuando ya no haya remedio. Venid a visitarme esta tarde a las tres al convento y zanjaremos convenientemente esta cuestión.

Con una respetuosa reverencia, un Francisco sumido en un proceloso mar de emociones abandonó la habitación.

12

Bruselas, 1543

A las tres de la tarde, Francisco llegó al convento. Pedro de Soto se hallaba a esa hora explicando los Hechos de los Apóstoles y el joven tuvo la sensación de que disponía de una extraordinaria oportunidad de comprobar la verdadera erudición del fraile.

Ante Pedro de Soto había sentada una veintena de muchachos. Se trataba de españoles de la corte que ansiaban ser tenidos por hombres de letras y que estaban convencidos de que lo conseguirían si corría la voz de que acudían a las exposiciones exegéticas del confesor imperial.

Francisco se sentó como un oyente más entre aquellos compatriotas, en parte para pasar desapercibido y, en parte, para comprobar el temple del confesor. No pasó mucho tiempo antes de que una profunda desazón se apoderara de él. Pedro de Soto conocía regularmente el castellano —a fin de cuentas era su lengua madre— pero su latín era deplorable. De hecho, los escasos párrafos que pronunció en esta lengua estaban mal construidos y mal pronunciados, de tal manera que Francisco quedó convencido de que muchos niños lo habrían superado en el conocimiento de la lengua de Cicerón y César. Pero lo que más apesadumbró al joven español no fue que fray Pedro de Soto, el confesor del César Carlos, estuviera ayuno de gramática, sino la manera en que, a su juicio, violentaba el sentido de las Sagradas Escrituras. Había comenzado el fraile a comentar el capítulo primero del libro de los Hechos, y más concretamente aquel pasaje donde se indica que Judas, horrorizado por el pecado de haber vendido a Jesús, se ahorcó. Entonces el confesor imperial comenzó a razonar que aquello era una muestra de que todos los traidores y herejes debían ser ahorcados de la misma manera. De hecho, el que no fuera leal al emperador sólo podía esperar razonablemente correr la misma suerte que el réprobo Judas.

Aunque Pedro de Soto intentaba dar más solidez a sus argumentos repitiendo una y otra vez determinadas frases, aquel comportamiento despertó en Francisco un sentimiento de repulsión no por involuntario menos desagradable. Tal y como él lo veía, la insistencia en un disparate no sólo no le proporcionaba una mayor credibilidad, sino que, en realidad, exponía con más claridad su falacia. Que Judas había sido un ser miserable nadie podía dudarlo, que su ahorcamiento podía ser interpretado hasta cierto punto como una forma de retribución divina resultaba aceptable, pero que de ahí se desprendiera que los traidores y los herejes debían ser ahorcados le parecía que era ir demasiado lejos.

Cuando Pedro de Soto concluyó su lección, se acercó a Francisco con una sonrisa satisfecha. Resultaba obvio que estaba orgulloso de lo que consideraba erudición, pero el joven —ni aunque lo hubiera deseado— habría podido devolverle aquella sonrisa. Más bien en su interior se anidaba una desagradable mezcla de desprecio, repugnancia y ansiedad. Si el emperador estaba espiritualmente en manos de aquel hombre, ¿qué podía esperarse de sus decisiones? Embargado por esa sensación, cuando Pedro de Soto se dirigió hacia él no lo cubrió de elogios como el resto de los presentes, sino que dijo de manera cortés pero un tanto seca:

—Acudí a las tres como me indicasteis.

Aquellas breves palabras tuvieron sobre el fraile el efecto de un ensalmo. Su sonrisa untuosa se esfumó y una carátula de dureza, que sólo duró un instante, ocupó su lugar para dejar finalmente paso a un gesto de fría cortesía.

—Vuesa merced debe entender —comenzó a decir— que se me ha presentado un asunto de enorme relevancia que no puedo retrasar bajo ningún concepto. Os ruego que no lo toméis a mal, pero ¿os sería posible regresar a las seis? Si os avinierais[1] a ello, contaríamos con tiempo suficiente para departir sobre los asuntos que nos interesan.

—Lo cierto —respondió Francisco— es que no tengo otro negocio en la ciudad aparte de éste... y, sí, debo confesaros que deseo darle remate cuanto antes. Con gusto esperaré aquí mismo en el convento a que concluyáis con vuestro asunto. Incluso si puedo seros de ayuda...

—Os lo agradezco —respondió con una nueva sonrisa el confesor del emperador—. Sois ciertamente muy gentil, pero no resulta menester vuestra ayuda. Excusadme por la tardanza y disculpadme pues he de encaminarme hacia mi celda.

1 Avinierais: Del verbo avenir. Aceptar, ajustar las partes discordes.

Pasó Francisco las horas siguientes paseando por el claustro del convento. Quizá otro en su situación se hubiera dejado llevar por la ansiedad, pero el silencio en que se hallaba sumido ejerció sobre él un efecto tranquilizador que, en lugar de alargar las horas, pareció dotarlas de una dulce rapidez.

Habían pasado ya las seis sobradamente cuando Pedro de Soto apareció e hizo señas a Francisco para que se le acercara.

—Venid a mi celda y podremos concluir con este asunto —dijo cuando el joven español se llegó a su altura.

Francisco se situó a la derecha del fraile y le acompañó hasta que se detuvo frente a la puerta de su celda. La franqueó primero Pedro de Soto. Sin embargo, cuando su acompañante iba a hacerlo, una sensación repentina de espanto se apoderó de él. Por la puerta entreabierta había acertado a ver parte de la habitación, y en su interior pudo contemplar cuatro o cinco altares repletos de imágenes de santos. Con profundo desagrado, Francisco reconoció a san Roque y a san Cristóbal en medio de otros santos revestidos de oro y rodeados de una pléyade[2] de lamparillas encendidas. En aquel instante, el joven español comprendió más que nunca que entre el confesor imperial y él estaba situado un profundo abismo que ninguno de los dos deseaba salvar. Para Pedro de Soto eran seres protectores que ejercían su tutela sobre él desde que se inclinaba ante ellos por las mañanas, y que le situaban en comunión con un mundo espiritual que había durado siglos. Por el contrario, para Francisco, aferrado al mandamiento

---

2 Pléyade: Grupo de personas famosas, especialmente en las letras, que viven en la misma época.

de las Escrituras que prohíbe fabricar imágenes y rendirles culto, aquellos santos no eran una manifestación legítima de la fe, sino un terrible síntoma de la idolatría que empuja al ser humano a inclinarse, no ante su Creador, sino frente a ídolos realizados por sus manos. Con todo, pensó que en el lugar en el que se encontraba debía reprimir sus sentimientos y se impuso silencio con la intención de presentarle sus protestas en un lugar más oportuno.

Apenas hubo cruzado el umbral Francisco, Pedro de Soto le dijo muy atentamente:

—No ignoráis, mi señor Francisco, que todos los hombres tienen que obedecer a Dios y cumplir sus obligaciones para con Él sin dudarlo. Sin embargo, no es menos cierto que también resulta menester hacer lo que corresponde a los hombres por imperativo de la vida en sociedad.

—Sé —respondió Francisco— que hay que obedecer a Dios con mayor diligencia que a los hombres, ya que debemos convivir con ellos, pero de tal manera que la gloria divina nunca salga perjudicada por culpa de nuestra afición a ellos.

—Lo que he dicho antes —replicó Pedro de Soto un tanto amostazado[3]— es para que veáis que en el día de hoy, estorbado por la multitud de mis asuntos, aún no he podido concluir con el rezo de las horas pese a que así se lo prometí a Dios al ser ordenado sacerdote. No toméis, por lo tanto, a mal el esperar aquí un poco mientras yo salgo de la celda y concluyo mis oraciones. Para que no os aburráis esperando os dejo este libro. En él encontraréis algunos pasajes que tienen mucho que ver con nuestro propósito.

---

3 Amostazado: Del verbo amostazar. Irritar,enojar

Antes de que Francisco pudiera responder o emitir algún comentario, Pedro de Soto abandonó la celda. El joven contempló entonces el libro que el confesor le había dejado para que entretuviera la espera. El autor era Alfonso de Castro y el título de la obra, *Acerca de las herejías que han surgido desde que Cristo nació*. Francisco no pudo evitar que se le escapara un leve resoplido al percatarse de lo que tenía entre manos. Había conocido a Alfonso de Castro en Brujas[4] y no guardaba precisamente un buen recuerdo de aquel encuentro. A su juicio era un sujeto rudo e ignorante que disfrutaba de cierta habilidad para embaucar a la gente, pero poco más. Pero lo que más le había irritado era su insistencia en repetir que la lectura de las Sagradas Escrituras en lengua vulgar era la causa y el origen del que procedían todas las herejías.

El libro no era, desde luego, mejor. A lo largo de sus páginas el autor felicitaba al rey de España y a todos sus pueblos por haberse preservado de tan perniciosa lectura y animaba a los inquisidores para que no permitieran bajo ningún concepto la lectura de las Sagradas Escrituras en España.

Francisco comenzó a sentir una cólera sorda a medida que pasaba las páginas del libro. En un momento determinado, las habría rasgado de buena gana porque estaba convencido de que pretendían privar a sus paisanos del mejor libro al que podía tener acceso varón o hembra. Por más vueltas que le daba a aquellas posiciones no podía encontrarles justificación, y cada vez sentía más que lo único que pretendían gente como Alfonso de Castro era

---

4 Brujas: Ciudad ubicada en la región de Flandes a 90 kilómetros de Bruselas, la capital de Bélgica.

mantener un dominio sobre la gente sencilla que se colapsaría el mismo día en que éstas pudieran comparar lo que enseñaba la Biblia con la enseñanza y la conducta de aquellos clérigos.

Se encontraba sumido en esas meditaciones, cuando Pedro de Soto volvió a penetrar en la estancia.

—Os ruego que me disculpéis —dijo el confesor mientras se acercaba a una estantería que había en la habitación—, pero el rezo me ha mantenido ocupado durante todo este tiempo.

Francisco asintió con la cabeza como si aceptara sus disculpas, pero no pronunció una sola palabra. Observó entonces cómo Pedro de Soto tomaba en las manos el ejemplar del Nuevo Testamento que él había traducido y tomaba asiento.

—Venid. Sentaos a mi lado —dijo a Francisco mientras le hacía un gesto.

El joven español le obedeció y, tras contemplar el gesto adusto que se había reflejado en el rostro de Pedro de Soto, comenzó a preguntarse en qué pararía todo aquello.

—Nos hemos reunido aquí, Francisco —empezó a decir el confesor imperial—, donde charlamos nosotros dos solos, en presencia de Dios y escuchados por los ángeles testigos de nuestra charla, para ocuparnos, tal y como tú deseas, de este asunto, del Nuevo Testamento. Por lo que a mí respecta, no sólo voy a confesarte lo que considero provechoso para los reinos y la paz de la Iglesia, sino que, además, voy a exponerte en pocas palabras lo que pienso sobre estos estudios que tú consideras piadosos, y yo, nocivos.

Francisco juntó las manos para contener la cólera que le iba invadiendo.

—Por lo que se refiere a la lectura del Nuevo Testamento en español —prosiguió Pedro de Soto— te hago saber que no hay razones ni puede haberlas que de una u otra manera desdigan las que has podido ver en el libro que te entregué hace un rato. La lectura del Nuevo Testamento ha sido siempre considerada por los católicos como la principal, en realidad la única causa, de donde han surgido todas las herejías en la Iglesia. Puedo aseguraros que gracias a su prohibición hemos conseguido que España se haya mantenido libre de cualquier mácula sectaria. Por ello considero que habéis obrado con excesivo atrevimiento al publicar contra las leyes del emperador, contra la religión, contra la patria y especialmente contra tu ciudad, una traducción del Nuevo Testamento.

Francisco se mordió los labios para mantener el silencio, pero no pudo evitar que una amarga mezcolanza de pesar y repulsión se extendiera por todo su ser.

—Lo que habéis perpetrado es un crimen sobremanera irreverente. Además, he oído decir que habéis estado en Alemania con Felipe Melanchton y que incluso os atrevéis a proclamar acá y acullá[5] sus opiniones, una conducta que entre nosotros sería suficiente para condenaros a la última pena. Más os habría valido no rozar siquiera los estudios literarios, a conocerlos para infundir aliento a los herejes y atacar el sentir católico. Naturalmente, yo deseo ayudaros, pero habéis de saber que casi todos los notables que están en el gobierno tienen muy graves cargos contra vos y han decidido hacer con vos un escarmiento desacostumbrado... no sin razón, por lo que yo creo, y...

5 Acullá: Allá o más allá.

—Reverendo padre —intervino Francisco, venciendo a duras penas la pesadumbre que lo embargaba—, no sin gran extrañeza y dolor he oído de vuestros labios que las opiniones del fraile que escribió ese libro son correctas y que verdaderamente la lectura de las Sagradas Escrituras resulta algo nocivo para el género humano. Semejantes expresiones, yo, personalmente, las tengo por indignas de un cristiano. La lectura de la Biblia es un regalo de Dios y sin ella no puede existir ningún conocimiento cierto sobre la Mente Eterna, sobre la condición de las criaturas, sobre la caída del género humano, sobre el pecado, sobre la muerte y sobre nuestra redención. Ninguna criatura puede jamás aprender o gustar el conocimiento del verdadero Dios y de la religión auténtica sin leer ese libro.

Los ojos de Pedro de Soto parecieron a punto de salirse de las órbitas, pero no despegó los labios. En cualquier caso, Francisco no le hubiera escuchado. La indignación que se había acumulado en él durante las últimas horas salía ahora por su boca igual que si se tratara de la leche que ha sido excesivamente calentada y acaba rebasando el recipiente donde se encuentra contenida.

—Esa ignorancia de las Sagradas Escrituras —prosiguió Francisco— explica el estado lastimoso en que se encuentran las naciones. Quienes pretenden enseñarles a vivir de manera digna no son sino clérigos ignorantes que a duras penas consiguen pronunciar el latín de la misa. Y si eso sucede con los pastores, ¿qué puede esperarse de las ovejuelas? Señor, vos debéis saberlo tan bien como yo mismo lo sé. No habrá libertad ni justicia, no existirán ni la paz ni la rectitud mientras del rey al villano no se sujeten todos a los mandamientos de Dios. Permitid que toda persona sin excepción conozca los mandatos contenidos en los Evangelios, permitid que Cristo cambie su vida...

Por un instante, Francisco guardó silencio y su mirada quedó fija en los ojos, fruncidos en un adusto gesto, de Pedro de Soto. Este despegó finalmente los labios, pero entonces el joven no le permitió hablar. No, no lo haría hasta que concluyera su defensa.

—Y ahora deseo entrar en la segunda acusación que habéis pronunciado en mi contra. Que yo he estado en Alemania y que me he reunido con Felipe Melanchton no lo he ocultado jamás. Pero si viajar por ese país o tratar con sabios es causa de acusación de eso mismo podríais acusar al emperador y a buena parte de su corte, porque ellos mismos han hablado repetidas veces con Melanchton, Lutero y otros eruditos alemanes. Por eso creo...

—Disculpad...

Francisco se calló y volvió la cabeza en la dirección de donde procedía la voz. Ante sus ojos apareció un fraile que, inmediatamente, se despojó de la capucha y realizó una torpe reverencia.

—Señor, un criado procedente de vuestra casa se halla abajo y os espera para la cena.

—Conozco bien el camino —respondió Enzinas, un tanto molesto por aquella inoportuna interrupción—. Os ruego que ordenéis al criado que regrese a casa, que ya iré yo solo.

Apenas esperó Francisco a que el fraile se retirara y entonces volvió a dirigirse a Pedro de Soto.

—Reverendo padre, de nuestro principal negocio, que era de lo que teníamos que hablar, hemos tratado más bien poco y, desde luego, no hemos decidido nada. Fue su Cesárea Majestad la que ordenó que examinarais el libro y dierais vuestro parecer, no sobre la conveniencia o no de su traducción, sino sobre su calidad, si era fiel, ajustada y elegante. ¿Habéis encontrado algún error de ese tipo que, quizá, hayáis podido comunicar al obispo de Jaén?

—Creo —dijo con ira reprimida Pedro de Soto— que hasta ahora he cumplido correctamente con mi deber. Por lo que se refiere a vuestra traducción... bien, no he podido repasar el libro entero por impedírmelo importantes asuntos, pero la porción que he visto no puedo menos que aprobarla. Incluso osaría alabar ese trabajo si hubierais abordado un tema menos comprometido. Pero se ha hecho ya muy tarde para llegar a un acuerdo... Si os parece, voy a despediros ahora, y mañana regresad, si podéis... Buenas noches.

Francisco hubiera deseado objetar a aquella despedida tan seca y destemplada, pero comprendió que carecía de capacidad de apelación. Se inclinó en una reverencia y musitó:

—Buenas noches, reverendo padre.

Apenas había atravesado el umbral cuando estuvo a punto de darse con una figura escuálida oculta por la oscuridad.

—Disculpad, señor —dijo el diminuto personajillo—, soy uno de los criados de don Pedro de Soto. Se me ha encomendado que os acompañe.

Innecesaria le pareció a Francisco aquella cortesía, pero, apesadumbrado como estaba, no se sentía con fuerzas para resistirse. Con el corazón rebosante de pesar, siguió al fámulo[6] mientras se dirigía a la planta baja del convento. Entonces observó cómo,

---

6 Fámulo: Criado doméstico. Sirviente de la comunidad de un colegio.

de manera que le pareció desusada, los frailes discurrían por los corredores cuchicheando inquietos.

Apenas había llegado a la planta baja preguntándose por la razón de aquella inquietud, cuando se acercó a Francisco un desconocido.

—¿Sois Francisco de Enzinas? —preguntó cortésmente.

—Sí, para serviros —contestó el joven.

—Tengo algo que deciros.

—Cuando lo deseéis, estoy dispuesto.

Mientras intercambiaban aquellas frases, Francisco y el desconocido llegaron a la puerta del convento, que daba a una plaza. Entonces, como surgido de las mismas entrañas de la tierra, un grupo de personas armadas apareció ante los ojos de Enzinas. Instintivamente, el español dio un paso atrás. Resultó inútil. Antes de que fuera totalmente consciente de lo que le estaba sucediendo, aquella gente se abalanzó sobre él y le sujetó los brazos. Mientras intentaba no verse sofocado por aquel mar de manos sólo pudo escuchar a la persona que le había acompañado a la salida diciéndole:

—Daos preso.

13

Prisión de La Vrunte, 1543-1544

Nunca podría olvidar Francisco de Enzinas la fecha en que se le prendió. Fue el 13 de diciembre de 1543. Lo único que supo mientras se le conducía hasta la prisión de La Vrunte fue que la orden de su detención procedía del mismo emperador. Mientras caminaba apresuradamente, en su cabeza se acumulaban acalorados los más diversos sentimientos. Padecía una mezcla dolorosa de temor, de vergüenza, de ansiedad. Se maldecía una y mil veces por haberse fiado de Pedro de Soto, por no haber atendido a las repetidas muestras de alarma que se habían acumulado a lo largo de aquella tarde. ¡Debía haber entendido al ver al fraile que entró en la celda que pretendían hacerle daño! ¡Debía haber sospechado al contemplar cómo los frailes cuchicheaban mientras se dirigía a la salida del convento! ¡Debía haber desconfiado al escuchar la torcida predicación del confesor imperial, puesto que no había tenido ningún reparo en pervertir el sentido del Nuevo Testamento para sostener que era menester ejecutar a los que no pensaban como él! ¡Debía...!

Cuando la puerta de su celda situada en el piso alto de la prisión se cerró a sus espaldas dejándole sumido en las tinieblas más profundas, Francisco se sintió presa de un desaliento insoportable, de un abandono en nada inferior al del náufrago que se ve perdido en alta mar sin esperanza de que alguien lo rescate. De no hallarse sumido en la profunda confusión que lo embargaba, quizá hubiera roto a llorar. Sin embargo, en aquellos momentos ni siquiera tenía fuerza para derramar lágrimas. Sólo podía experimentar miedo, desamparo y desolación y, sobre todo, el barrunto mordiente y frío de que corría un peligro bien cierto de perder la vida.

Sin embargo, ese miedo a morir no fue el peor tormento que, durante las primeras horas, tuvo que soportar Francisco. Lo que más le angustiaba era la inseguridad absoluta de lo que le estaba sucediendo o podía llegar a sucederle. La ignorancia de los cargos que pesaban sobre él, el desconocimiento de quiénes iban a acusarlo, la ausencia de defensa, lo sometían a una desazón que resultaba punto menos que insoportable. Si hubiera conocido los métodos inquisitoriales, Francisco hubiera sido consciente de que aquella situación sólo tenía como finalidad la de reblandecer al reo, privándole de cualquier deseo firme de resistir del que pudiera disponer. Tras unos días, unas semanas, unos meses en esa situación, aquél se rendía más fácilmente, comenzaba a denunciar a sus amigos, proporcionaba a sus interrogadores los mejores argumentos para que lo condenaran a muerte. Si el joven español se vio a salvo de aquel tormento fue porque la cárcel de La Vrunte no era eclesiástica sino civil.

Apenas pudo dormir la primera noche, pero cuando comenzaba a rayar el alba, el agotamiento y la agitación dejaron paso a una sensación de intenso cansancio y abrieron camino a un sueño profundo. De esa situación salió cuando una mano lo sacudió cuidadosamente. Entonces, abiertos los párpados, contempló el rostro sonriente de un joven.

—Hermano —le dijo la persona que lo había despertado—. Te han hecho prisionero por la causa del Evangelio, la misma por la que yo llevo sufriendo cadenas aquí desde hace ocho meses. Son muchos los que sufren tormentos como los nuestros en esta prisión y en otras peores.

Francisco se incorporó cansinamente en su catre y fijó sus ojos, adormilados e incrédulos, en aquel inesperado personaje.

—Nunca debes temer lo que pueda sucederte —continuó el hombre sin que la sonrisa abandonara sus labios—. Yo estoy seguro de que Dios te mueve de acuerdo con un plan que quizá no entiendes, pero que, en cualquier caso, es maravilloso. Siempre que permanezcas fiel, el Señor te ayudará mucho más allá de lo que puedes siquiera imaginar.

Hubiera deseado agradecer al joven aquellas palabras de aliento, pero antes de que pudiera despegar los labios, abandonó su celda cerrando la puerta tras de él.

Durante los días siguientes, Francisco experimentaría otro de los grandes tormentos vinculados a la prisión, el de la lentitud. El recluso pronto descubre que si su vida se ha detenido entre las paredes de su encierro no sucede lo mismo con aquellos que siguen viviendo en libertad. Ha sido arrancado de ese universo, para verse sumergido en otro donde las horas transcurren en una sucesión que le resulta eterna y donde nadie manifiesta el menor interés por su destino.

Francisco intentó llenar sus días escribiendo a parientes, al obispo de Jaén, a amigos, pero no lo consiguió. La tardanza en las respuestas, de hecho, sólo sirvió para agudizar su sensación de desamparo y desvalimiento. A esto se unió otra circunstancia que lo apenó aún más. Piensan los reclusos inocentes —y al creerlo se equivocan dramáticamente— que su inocencia resplandece en sus rostros como una antorcha en medio de las penumbras nocturnas y que pronto, muy pronto, recuperarán la libertad en virtud de esa circunstancia. ¿Acaso una persona medianamente avisada no captará pronto su diferencia con los delincuentes que lo rodean en la cárcel? Los inocentes se engañan pensando de esa manera, pero, al menos, se consuelan durante un tiempo. Francisco ni siquiera disfrutó de ese pasajero aliento. Al hablar con otros reclusos, descubrió que la mayoría de los presos era gente buena que jamás había hecho el mal y cuyo único delito había sido reunirse en las casas para hablar del Evangelio o rezar sin la presencia de un sacerdote. Entonces llegó a la conclusión de que ningún juez le pondría en libertad pensando que era un buen hombre caído casualmente en medio de facinerosos, sino que prolongaría su prisión porque lo que se perseguía no era el delito, sino el pensar y vivir de otra manera, aunque fuera mejor que la de la mayoría.

Esa sensación se agudizó cuando le relataron la historia de Egidio, el hombre que había intentado animarle la primera mañana. Cuchillero poco instruido, había abrazado la Reforma con todo su corazón y aquel paso se había traducido en un cambio radical de vida. Cuando en 1541 se había producido un brote de peste, Egidio había subastado sus bienes para socorrer a los necesitados. En cierta ocasión en que lo llamaron para socorrer a una mujer que sufría los dolores de parto, al contemplar la pobreza de su alcoba y cómo en la casa no había sino una sola cama en la que yacían la parturienta y cinco hijos, había regresado a su hogar y enviado a la mujer su propio lecho, durmiendo él en adelante sobre unas pajas.

La conducta de Egidio le había granjeado una enorme popularidad entre los necesitados, pero no había servido para defenderle de las asechanzas de sus adversarios. Cuando comenzó a enseñar que no se debía confiar en las propias obras para la salvación, sino que ésta sólo puede obtenerse por la fe en Cristo, Egidio abrió de par en par las puertas de su ruina. Delatado por un sacerdote de la iglesia de la Capilla ante el procurador general, fue detenido en la misma época en que se produjeron los arrestos de Lovaina.

Al conocer aquella historia y otras semejantes, el abatimiento más absoluto se apoderó de Francisco de Enzinas. En un Imperio que se regía por esos comportamientos, donde se condenaba a los mejores, no existía posibilidad de justicia ni de libertad para Francisco, pero, sobre todo, tampoco había esperanza de supervivencia como no la hay para el árbol del que se podan las mejores ramas para alimentar las que están enfermas. En ese ámbito, lo más seguro era que el lugar más adecuado para un ser humano honrado no se hallara en la corte o en las cátedras, sino en la cárcel o en el exilio.

14

Prisión de La Vrunte, 1544

No fueron halagüeñas las perspectivas a las que tuvo que enfrentarse Francisco en los meses siguientes. A lo largo de días que discurrían penosamente, descubrió cómo sus parientes se ponían en contacto con él sólo para pedirle, para rogarle, para suplicarle que renunciara a su propósito de que la gente conociera el Nuevo Testamento y cómo sus interrogadores —que no recurrieron al tormento como habría sucedido en España— le acusaban de incluir en su traducción frases tan peligrosas como aquella que decía: «Dejamos sentado que el hombre se justifica por la fe, sin las obras de la ley». El que Francisco respondiera que las palabras no eran suyas sino una simple traducción de lo que san Pablo había escrito en el capítulo tercero de la Epístola a los Romanos, no le sirvió de nada salvo de argumento para deprimirse más al reflexionar sobre la nula capacidad de la que adolecían aquellos que instruían la causa contra él.

Aquel pesar se fue agravando al saber que la denuncia que había provocado su detención había procedido directamente de don Pedro de Soto, el confesor imperial; que el argumento principal era que si no se recluía a aquel mozo español pronto toda España estaría sumergida en el luteranismo, y que había insistido vehementemente en que la lectura del Nuevo Testamento sólo podría provocar graves alteraciones si se permitía en España.

Durante aquellos días, lo único que calmaba pasajeramente a Francisco eran las visitas que se le permitía recibir ocasionalmente.

Entre ellas siempre recordaría la de Jacques de Borgoña, señor de Falais y de Breda, acompañado de un noble español. Aunque ninguno de ellos lo conocía, habían acudido a visitarlo movidos por un sentimiento de solidaridad entrañable hacia el que consideraban un hombre no sólo ilustrado sino justo, reducido a prisión por un villano.

—Pedro de Soto —afirmó el español con pesar— es hombre apreciado en la corte y ciertamente constituye una desgracia que sea vuestro delator. Sin embargo, no deberíais sentiros avergonzado por ello. En realidad, el confesor del emperador no es en nada destacado salvo en la intriga y la superstición. Nunca ha sido sabio ni bueno, pero sus dotes extraordinarias para la conspiración lo han encumbrado hasta el lugar que ocupa. A pesar de ser un auténtico impostor, tiene fama de sabio aunque no pasa de ser un fraile insensato...

—Insensato, pero no exento de peligro —terció el noble borgoñón—. Tiene absolutamente embrujado al emperador. Le ha convencido de que la única actitud que debe adoptarse frente a la necesidad de reforma de la Iglesia es empuñar las armas.

—Sí, es cierto... —dijo el español bajando la cabeza apesadumbrado.

—Todo ha llegado hasta un extremo tal que el César Carlos ha terminado por convencerse de que en nada le será Dios propicio si antes no acaba a sangre y fuego con los que denomina «luteranos» y «desertores de la Iglesia». Si ve que el emperador o los nobles actúan con escasa saña contra sus enemigos personales o responden con lentitud a sus deseos, acomete al desdichado Carlos en la confesión y le acosa para que se someta a sus caprichos...

—Me cuesta creerlo —musitó abatido Francisco.

—Pues no lo dudéis —insistió el borgoñón—, la confesión es en manos de ese hombre un arma más terrible que una espada en el puño de un buen esgrimista. No se sentirá satisfecho hasta que la sangre de los que se oponen a la superstición no corra por las calles. ¡Ay del emperador si no inclina su voluntad ante ese fraile! Le basta con sugerir que no le absolverá de sus pecados para que el César Carlos le obedezca como mis perros lo hacen conmigo.

—Ciertamente, es un hombre astuto —intervino ahora el español—. Hace un tiempo le ofrecieron una sede episcopal y la rechazó.

Por aquel entonces logró convencer a la gente de la corte de que había actuado sólo por santa humildad... ¡Ja! ¡Lo único que le movía era el deseo de seguir controlando la conciencia del emperador! No sabéis cuánto lamento, amigo Francisco, que hayáis topado con ese hombre. Si tan sólo hubierais podido hablar conmigo antes de acudir a la cita con él...

—Os ruego que no os contristéis por eso —respondió apenado Francisco—, la verdad es que nadie podía prever lo que ha sucedido.

—No estoy tan seguro —comentó el noble español—. Sé que el obispo de Jaén es amigo vuestro y que se trata de un buen hombre, pero, seamos sinceros, eso constituye más excepción que regla en nuestra nación. Los obispos del montón son, en general, verdaderos analfabetos. Vos mismo conocéis a Gaspar de Ávalos, el arzobispo de Compostela. La gente lo celebra como si fuera un sabio, un apóstol redivivo, incluso un santo, pero la triste realidad es que ha puesto todo su empeño en que el emperador no ahorre crueldad contra aquellos que desean vivir según los mandatos del Evangelio. Hace no mucho tuve oportunidad de oírle predicar en Amberes. En sus palabras no había partícula, por mínima que fuera, de bondad, de misericordia, de amor o de verdad. Todo eran razones desaforadas para soliviantar al auditorio, instigándole a arrancar la vida de los que no piensan como él. Vos seguramente no lo sabéis, pero es él precisamente el que ha prohibido que en España se lea el Nuevo Testamento y que las Sagradas Escrituras lleguen a manos del pueblo. También ha sido el primero en oponerse a vuestra traducción. Para que comprendáis hasta qué punto en él todo es mera superstición os relataré lo que le sucedió hace tan sólo unos meses.

—Os escucho —dijo Francisco.

—El arzobispo llegó a la ciudad de Ulm y manifestó su intención de visitar la catedral, de manera que hacia ella se encaminó seguido por una verdadera nube de capellanes. Pero al entrar en el templo descubrió que en su interior sólo había unas sencillas vidrieras transparentes, sin colores chillones ni figuras de santos, y le acometió un vahído, como si hubiera sufrido un desmayo, de tal manera que si no llegan a sujetarlo sus capellanes hubiera dado de bruces contra el suelo. Cuando volvió en sí no perdió ni un instante en clamar contra los «perros» que habían vaciado la iglesia de santos...

Por primera vez desde que había sido encerrado en la prisión se reflejó la sonrisa en los labios de Francisco. Su compatriota había narrado el episodio con tal galanura y abundancia de gestos que incluso hubiera soltado de buena gana una carcajada de no juzgar que se hubiera tratado de algo excesivo. Pero el español no parecía tan feliz. Igual que las nubes oscurecen el límpido cielo azul con su presencia, de repente su rostro se vio opacado por un velo de pesar.

—Francisco, apenas podéis imaginaros la situación a la que hemos llegado en estos últimos tiempos —dijo el noble español—. Este arzobispo ha dicho públicamente al emperador que no se puede abrigar la menor esperanza de que la Alta Alemania vuelva al seno de la Iglesia católica, pero que en la Baja Alemania bastaría con que mandara cortar seis mil cabezas o consumirse en la hoguera otros tantos cuerpos hasta reducirlos a cenizas, para que hubiera alguna esperanza de que los demás se convirtieran por miedo. De gente así nunca podremos esperar prudencia, justicia y moderación, porque pretenden sostener el Imperio gracias a la opresión del terror y de la tiranía.

—Quizá es un celo noble, pero mal encaminado... —musitó Francisco mientras bajaba la mirada hacia el suelo—. Quizá sólo pretende lo mejor y no encuentra otra manera más adecuada de alcanzarlo...

—No —respondió el noble español—. Nadie puede olvidar las palabras de Nuestro Salvador Jesucristo que enseña que el árbol es conocido por sus frutos. En el corazón de esas gentes, de esos dignatarios, de esos prelados, no yace sólo el error sino la maldad. Hace poco ese arzobispo quiso comprar en Amberes un cuadro de la Virgen María en el lugar que es conocido como El Cancel. Sin embargo, deseaba que el pintor le entregara la obra por casi nada, y el artista se negó. Entonces el arzobispo le dijo que si se avenía a vendérsela por el precio que le ofrecía le otorgaría una bendición especial para su hijo. El pintor le respondió que antes que la bendición preferiría que el arzobispo le diera un trozo de pan con manteca para su hijo.

—¿Y qué sucedió entonces? —preguntó inquieto Francisco.

—El arzobispo afirmó ante todos que aquel pintor era un luterano. El artista se ha visto obligado a huir a Zelanda porque sabe que ya su vida no está segura, que en cualquier momento puede ser detenido y ejecutado.

—Francisco —intervino el borgoñón—, es posible que muchos no entiendan cómo un simple libro puede infundir tanto pavor a gente tan encumbrada, pero así es. Esas personas pretenden tener aprisionadas las conciencias en la ignorancia. Es por eso que temen vuestra traducción, es por eso que les aterra la idea de que la gente conozca la libertad que sólo pueden tener aquellos que conocen el Evangelio y viven de acuerdo a sus enseñanzas. Saben que esas palabras pueden quebrar las cadenas más firmes, y para evitarlo recurrirán a la hoguera, a la espada y a la horca. Precisamente por ello tenemos que conseguir que vuestro proceso se sustancie aquí en la corte de Borgoña y que bajo ningún concepto pase a manos de los inquisidores españoles.

—Pero —preguntó Francisco—, ¿qué diferencia puede haber entre ambos? ¿No se hallan ambos sometidos al imperio de la ley?

Tanto el noble español como el borgoñón dejaron escapar un gesto de desaliento al escuchar la pregunta de Francisco.

—No, Francisco —respondió el español—, lo que ellos persiguen precisamente es no verse sometidos al control del derecho y de la ley, sino actuar impunemente por encima de él. Cuando desean atrapar a alguien, inventan cargos en su contra y proceden a detenerlo inmediatamente. Una vez que ha sido recluido en una mazmorra oscura el miedo hace que nadie se atreva a decir una palabra en su favor. Si, por ejemplo, un padre osa interceder por su hijo, inmediatamente es encerrado en prisión por alentar la herejía. Además, el preso no puede comunicarse con nadie, no se le informa de las acusaciones que pesan sobre él, no se le permite leer ni escribir. Reducido al imperio de las tinieblas más espesas debe enfrentarse a solas con el terror de la muerte.

Francisco cerró los ojos empavorecido. Era cierto que había sufrido en los meses que llevaba en prisión, pero, al menos, había podido hablar con otros. Además, de una manera u otra se le había enterado de los cargos en su contra. Incluso había podido recibir visitas...

—Y no es sólo la soledad, el silencio y la oscuridad, Francisco —prosiguió el noble español—. Es común que el preso sea sometido a las torturas más terribles mientras se le pregunta acerca de cosas que ignora, con la intención de atraparlo en palabras que ha pronunciado en medio del pánico y de la desesperación. Así, entregado a tormentos continuos, pasan los años sin que el proceso avance o, si avanza, sucede que nadie sabe lo que está sucediendo. Después de que se ha torturado al infeliz durante años, si desea seguir con vida, debe aceptar cualquier capricho que los inquisidores quieran descargar sobre él. Si lo hace, quizá tenga la inmensa fortuna de que lo pongan en libertad, pero para entonces todos sus bienes habrán ya desaparecido, su salud se habrá visto quebrantada de por vida y él se verá obligado a llevar sobre sí unas vestiduras especiales que arrojarán sobre su descendencia un baldón imborrable.

Como surgido de los abismos dolorosos de la memoria, ante Francisco apareció en aquel entonces la imagen de don Pedro de Lerma. Recordó sus lágrimas y sus pesares, sus pesadumbres y sus angustias, y a duras penas logró reprimir las lágrimas.

Durante las horas siguientes, los dos nobles relataron a Francisco casos como los de Alfonso de Valdés y su hermano Juan, como los de Juan de Vergara, Francisco de San Románo Roque de Sanlúcar, todos ellos víctimas de la Inquisición y de sus métodos.

—Vos, amigo Francisco —dijo el borgoñón—, a fin de cuentas estáis preso por ser un hombre bueno, pero estas gentes descargan su terror no sólo sobre los que piensan que pueden serles peligrosos, sino sobre cualquiera. El que no les vende su mercancía al precio que desean, el que se interpone en su camino hacia la cumbre, el que les obstaculiza obtener los favores de una dama, el que es más afortunado o sabio, todos ellos tienen razones más qué sobradas para temer, y en cualquier momento pueden ser víctimas de una acusación falsa, de la prisión, de la tortura y de la muerte.

—Pero... pero —balbuceó Francisco—, ¿qué hace la gente en España? No somos turcos como para someternos a la tiranía de un déspota...

—¡Ah, pobre España! —respondió el compatriota de Francisco—. ¡Qué de maldades se ejecutan allí con el pretexto de la religión! Si me pusiera a trazar un breve bosquejo de ellas ni con un mes de narración tendría bastante... Ignoro si conocéis el caso de Magdalena de la Cruz...

—Lo ignoro, señor —respondió Francisco.

—En un convento de Córdoba apareció una monja llamada Magdalena de la Cruz. La gente la tenía por profeta, y su piedad y devoción eran celebradas por toda España, y más cuando convencía a muchos para que rompieran los lazos naturales que tenían con sus familias y se lanzaran a la vida monástica. Su fama llegó a ser tan grande que cuando nació nuestro príncipe Felipe, el hijo del emperador, se trajeron los hábitos de la monja para envolverlo con ellos y que así quedara protegido de las asechanzas del Demonio. Pues bien, hace ahora un año la tal monja confesó espontáneamente que todas sus acciones habían sido inspiradas por Satanás, bajo cuya ley había prometido desde sus años más tempranos gobernarse. ¡Llegó a decir que durante cuarenta años había mantenido relaciones íntimas con el Maligno! Comprenderéis, amigo Francisco, que si toda la población desde el emperador hasta el último villano creyó a semejante impostora es que la vida espiritual de la nación no resulta óptima...

—Sí, creo que tenéis razón... —comentó Francisco—, pero... ¿no podría tratarse de una... excepción?

—En verdad que sois caritativo al juzgar las conductas del prójimo y que siempre pensáis que se trata de excepciones —exclamó el noble español, alzando los brazos—. Pluguiera[1] a Dios que así fuera...

---

1 Pluguiera: Complaciera, agradara.

En realidad, se trata sólo de un fruto más que pende de un árbol enfermo, el de la superstición y el miedo. Reflexionad, por ejemplo, en el comercio de las bulas. Están tan repletas de mentiras que no creo que haya niño o necio que no se percate, siquiera en parte, de ello. Sin embargo, nadie se atreve a decirlo. Cada tres años se predican nuevas bulas con los pretextos más absurdos. La predicación dura todo un trienio y se reanuda cada año hasta que llegan de Roma otras indulgencias papales nuevas que anulan las virtudes de las anteriores. Se encargan de ello sujetos de labia descarada que visitan las aldeas y poblaciones. En primer lugar, convocan al pueblo en la iglesia para escuchar el pregón —por supuesto, el que no asiste sabe que será excomulgado de manera fulminante—, y entonces le dicen que la nueva bula tiene la virtud de abolir las propiedades y efectos de todas las anteriores y que si a ésas no se añade ésta perderán toda su eficacia.

—Pero —dijo indignado Francisco— eso es una invención diabólica. ¿Acaso no murió Cristo en la cruz para pagar todos nuestros pecados? ¿Es que puede añadirse algo a su sacrificio?

—Tenéis razón —concedió el noble español—. Pero si alguien se atreve a censurarla será juzgado como hereje. En una bula se afirma que quien la compre podrá sacar un alma del purgatorio en una fecha determinada; en otra, que podrá obtener el perdón de los pecados y la absolución de la culpa. Eso por no hablar de las bulas para poder comer huevos o sustentarse de productos derivados de la leche. Si alguien se atreve a alimentarse de ellos sin la bula pertinente será excomulgado y condenado a muerte. Y aquí dejo de hablar de bulas por haceros la gracia de no contaros cómo se recompran y se revenden. Son un negocio tan pingüe como el de las ermitas o las imágenes milagrosas, y si la gente lee el Nuevo Testamento donde, en absoluto, se hace mención de prácticas similares, perderá el miedo y se negará a aceptarlas. Entonces los beneficiarios de estas supersticiones no sólo se verán privados de su poder sino también de sus ganancias.

—¿Comprendéis ahora por qué no podéis aceptar el riesgo de ser trasladado de Borgoña y caer en manos de los inquisidores españoles? —preguntó el borgoñón.

Mientras padecía una angustiosa sensación de opresión en el pecho, Francisco asintió con la cabeza. Ahora estaba convencido de que sus aprehensores no cejarían hasta arrancarle el último hálito de vida y quemar todos y cada uno de los ejemplares del libro prohibido.

15

Prisión de La Vrunte, 1544

El traslado de Egidio, el primer ser humano que le había hablado en aquella prisión, a otra cárcel, sumió a Francisco en una profunda desazón. Sonreía el recluso cuando se despidieron, pero al español no se le ocultaba que, seguramente, sería la última vez que lo vería con vida, y aunque a Egidio esa posibilidad no parecía causarle pesar, a Francisco le arrancó unas lágrimas no por reprimidas menos sentidas. No se equivocó en sus peores miedos. Egidio salió de La Vrunte sólo para verse sometido a tortura, ser acusado de no creer en el purgatorio —un cargo del que se defendió afirmando que en el Nuevo Testamento no existía ninguna referencia al mismo— y arder en la hoguera.

En medio del dolor que le produjo aquella noticia, Francisco se entregó con un ardor renovado a escribir a todos aquellos que podían contribuir a su liberación. No tardó en descubrir que, como había acontecido en los meses anteriores, lo más que podía obtener eran algunas buenas palabras, pero que nadie ponía manos a la obra para conseguir su libertad. Incluso alguno llegó entonces a responderle que si él hubiera dado la orden de detención lo pondría en libertad, pero que como no era ése el caso nada podía hacer en su favor. Sin embargo, por terrible que pudiera ser aquella inmovilidad procesal a la que se veía sometido Francisco, distaba mucho de ser la peor suerte posible. Cuando el emperador Carlos decidió marchar hacia Alemania y Pedro de Soto, su confesor, se vio obligado a acompañarle, no echó en olvido al recluido Enzinas. Por el contrario, cursó órdenes estrictas a Luis de Schore, el presidente del tribunal de Brabante, para que recogiera por toda la comarca testimonios —verdaderos o falsos— contra Francisco de Enzinas y que se los hiciera llegar. Luis de Schore encargó esta tarea a un tal Luis de Sot, un funcionario ansioso de hacer méritos ante sus superiores.

Pedro de Soto esperaba de esta manera poder finalmente atar a Francisco al poste de la hoguera. Sin embargo, no le resultó tan sencillo como habría deseado. Las personas a las que interrogó Luis de Sot se mostraron empecinadamente reacias a hablar mal de él. En no pocos casos se trataba de españoles, pero la lejanía de la Inquisición nacional parecía dotarlos de una audacia que hubiera sido impensable en los territorios de la península. Con una cazurrería[1] no exenta de astucia, todos ellos insistieron en referir las virtudes de Francisco, en sorprenderse —con mayor o menor sinceridad— de que se pudiera realizar una investigación sobre él, y en negar que fuera un hereje o cosa que se le asemejara lejanamente.

---

1 Cazurrería: De cazurro, rra. Malicioso, reservado y de pocas palabras. Torpe, lento en comprender.

Cuando el gobernador descubrió que no lograba encontrar pruebas sobre las que basar una acusación contra Enzinas, decidió remitir la causa a la corte imperial. Así, el proceso volvió a verse detenido durante meses en manos de unos funcionarios que sabían que lo más justo era concluirlo porque un inocente languidecía en la cárcel a la espera de esa decisión. Sin embargo, prefirieron, pese a las súplicas continuadas de Francisco, retrasar el procedimiento hasta la llegada del emperador.

La víspera del regreso del César Carlos, que llegaba de Francia de firmar la paz con el rey galo, los inquisidores volvieron a visitar a Francisco de Enzinas para plantearle las acusaciones que parecían haber emergido de tantos meses de investigación. Una vez más, el español llegó a la conclusión de que se le mantenía en la cárcel por todo menos por razones justas o siquiera legales. Se le acusaba únicamente de haber visitado Alemania, y de conocer personalmente a Melanchton y hablar bien de él. Francisco reconoció que aquellas acusaciones se correspondían con la realidad, pero insistió en que aquellos actos en absoluto podían ser considerados crímenes.

A la desazón derivada de la endeblez de unos cargos que, no obstante, lo mantenían recluido, se sumó apenas unas horas después la mayor de las desilusiones. Cuando el emperador entró en la ciudad lo hizo acompañado de la reina de Francia. Como muestra de cortesía hacia tan elevada señora, se puso en libertad a multitud de delincuentes a pesar de que muchos eran bandidos peligrosos y criminales contumaces. La única excepción en aquellas medidas de gracia la constituyeron aquellos que estaban presos por motivos religiosos. De ellos no sólo no se liberó a nadie, sino que además se endurecieron sus condiciones de reclusión.

Francisco multiplicó entonces su afán epistolar. Escribió más que nunca en un fútil esfuerzo de que se le juzgara antes de que la represión se recrudeciera todavía más. Sin embargo, lo único que consiguió fue que se le informara de las acusaciones que en la corte imperial pesaban contra él. El pliego señalaba que «es muy sospechoso y tiene fama de luterano», que «ha tratado con herejes» o que «ha elogiado a Melanchton», que «mandó imprimir un Nuevo Testamento traducido por él al español... a pesar de que muchos hombres prudentes se lo desaconsejaban». Aquella lectura reafirmó a Francisco en las conclusiones a las que había llegado meses atrás. No había quebrantado la ley en absoluto, pero su deseo de que la Iglesia fuera reformada y, sobre todo, el que alentara la esperanza de que la gente conociera el Nuevo Testamento eran motivos suficientes para que personas como Pedro de Soto ansiaran condenarlo a muerte.

Aferrándose a la última esperanza de que la ley fuera respetada por encima de cualquier interés o privilegio, Francisco esperó que el emperador conociera su caso y lo concluyera con su puesta en libertad. Sin embargo, en ese tiempo, su Cesárea Majestad volvió a abandonar la población, esta vez con destino a Gante. Carlos V no viajaba solo. Rodeado de frailes y teólogos, se dejó convencer para promulgar nuevas normas en contra de todos aquellos que abogaran por la causa de la Reforma. Así, se renovaron las leyes de 1540 y se promulgaron en las poblaciones bandos para desatar una sistemática persecución de los disidentes religiosos.

No hubo en todo Flandes ninguna ciudad o aldea, por pequeña que fuera, donde no se produje-
ran detenciones y huidas de los sospechosos. Así,
durante los dos meses completos que el emperador
estuvo en Gante, Francisco escuchó desde la cárcel cómo al éxodo de gente honrada se sumaba una
persecución que por su intensidad fue comparada
por los habitantes de aquellas tierras con las que
los más feroces emperadores romanos habían des-
encadenado sobre los primeros cristianos. Eruditos
y labradores, artesanos y ostentadores de cargos importantes fueron detenidos, torturados, asesinados,
quemados o deportados.

Además, contra lo que muchos habían esperado,
el regreso del emperador no se tradujo en el final de
aquella persecución. Por el contrario, la misma saña
se cernió con dureza similar sobre Brabante, Henao
y Artois. Entonces las poblaciones pudieron contemplar cómo, por centenares, los disidentes religiosos
eran enterrados vivos, arrojados al agua en el interior de cueros y encerrados en mazmorras hasta que
no quedó literalmente un lugar de reclusión donde
no imperara el más promiscuo hacinamiento.

El 25 de noviembre, día de Santa Catalina, un
amigo acudió a visitar a Francisco para comunicarle
que Pedro Alejandro, el predicador de la reina María,
la hermana del emperador, había huido después de
enterarse de que se estaba instruyendo dar clandes-
tinamente un proceso en su contra. Al saber aquello
comprendió que la situación había llegado ya hasta
extremos insostenibles. De hecho, aquellas noticias
llevaron a Francisco por primera vez a considerar la
posibilidad de evadirse.

Con anterioridad, era cierto que las posibilidades de huir no le habían faltado, pero nunca las había aprovechado, convencido de que su inocencia saldría reivindicada en aquel procedimiento y, sobre todo, deseoso de que el carcelero no fuera sancionado por su culpa. Sin embargo, la firmeza que había sentido hasta entonces comenzó ahora a desmoronarse casi a cada hora, y decidió, sin percatarse apenas de ello, que si Dios le otorgaba la oportunidad de evadirse la aprovecharía sin titubeos.

16

Prisión de La Vrunte, 1545

Aquella noche del 1 de febrero, la pena que no había dejado de perseguir a Francisco de Enzinas desde la noche de su prendimiento se agudizó de una manera especialmente angustiosa. Envuelto en una sensación de profunda pesadumbre, de dentelleante abandono, se levantó de la mesa donde había cenado y abandonó la compañía de los otros reclusos. Desde hacía algunos meses no podía soportar el permanecer demasiado tiempo acompañado. Entristecido había regresado a su celda cuando aparecieron algunos de sus compañeros para animarle. Sin embargo, sólo consiguieron acentuar su malestar.

—Alegraos vosotros —dijo Francisco—, yo voy a tomar el fresco y a ver lo que pasa en la calle.

Se trataba de palabras absurdas, pero Enzinas no se percató de lo que había dicho ni tampoco parecieron darse cuenta de ello el resto de los presentes. Con paso lento y apesadumbrado, Francisco salió de la estancia y caminó hasta el zaguán de la cárcel. Su parte alta, resguardada por una celosía, permitía ver una porción de la calle, mientras que la baja estaba formada por maderas gruesas. Exhausto por la tristeza, Francisco se apoyó sobre las tablas y, de manera inesperada, sintió que la puerta cedía bajo su peso. El joven dio un respingo rápidamente, la empujó con la mano. Atónito, contempló cómo la puerta se abría. Entonces descubrió que la puerta de la calle, parecida a la del zaguán, se hallaba también abierta de par en par.

Mientras se enjugaba el sudor que había comenzado a perlar su frente, Francisco recordó que aún quedaba una tercera puerta para llegar hasta la calle pero que ésta sólo se cerraba ya caída la noche. En una sucesión increíblemente rápida, el joven español recordó todas las veces que podía haberse fugado y que no lo había hecho, y llegó a la conclusión de que Dios le había dado multitud de oportunidades que él había desperdiciado de manera contumaz. Entonces, como si sintiera al mismo Señor dándole voces para que acudiera hasta Él, decidió obedecer su llamada y aprovechar una oportunidad de evasión que —no tenía la menor duda— sólo podía enviarle el mismo cielo.

Cuando se encontró fuera ya de la prisión, Francisco cerró la puerta de la calle para evitar que el alcaide tuviera que cargar con la responsabilidad de su fuga. Pero entonces, ya libre, reparó en que, en medio de la oscuridad, no sabía hacia dónde encaminarse. Necesitó detenerse durante unos instantes bajo las negras sombras para ordenar sus pensamientos. A continuación se encaminó hacia el hogar de uno de sus amigos.

—¿Vos...? —dijo incrédulo el caballero al que conocía el evadido cuando abrió la puerta de su casa.

—El mismo —respondió con una sonrisa Francisco—. ¿Me concede vuestra merced autorización para entrar en su morada?

—Pasad, pasad, Francisco —dijo embargado de alegría el caballero mientras se hacía a un lado para despejar la entrada.

El joven español penetró en la vivienda y relató lo que le acababa de suceder.

—Sin duda, es el propio Dios el que os ha guiado hasta aquí —dijo sobrecogido el amigo de Francisco—. Quedaos en mi casa hasta que encontremos la manera de sacaros de la ciudad con toda seguridad. Conozco...

—No —le interrumpió Francisco—. No voy a permanecer en esta ciudad ni una hora más. Indicadme algún lugar de las murallas desde donde pueda abandonar la ciudad.

—Francisco —respondió su interlocutor con un poso de duda en la voz—, no sé si es lo más prudente...

—Amigo —volvió a interrumpirle Francisco con una impronta de serenidad en la voz—, Dios sacó a san Pedro de la cárcel para evitar que Herodes lo ejecutara y unos hermanos descolgaron a san Pablo por los muros de Damasco para que los judíos no pudieran matarlo. Esta noche el Señor se ha portado conmigo como hace siglos lo hizo con el pescador, ¿acaso no me prestaréis vos el mismo servicio que los damascenos otorgaron al apóstol de los gentiles?

Apenas eran las siete y media cuando Francisco había abandonado la mesa a la que estaba sentado en la prisión. Cuando daban las ocho, ayudado por su amigo, franqueaba las murallas para abandonar la ciudad.

Una vez se vio fuera de Bruselas, el evadido decidió llegar aquella noche a Malinas para continuar su camino, ya muy de mañana, hacia Amberes. La distancia no era corta y quizá otro se hubiera sentido cansado por lo acontecido y desalentado ante la obligación de recorrerlo de noche. Sin embargo, una alegría inefable y un grato calor se habían apoderado de todo el ser de Francisco. Estaba seguro de que sólo la mano de Dios podía haberlo liberado y esa convicción le dotaba de un aplomo sereno e inquebrantable. Si hasta ese momento había salido bien librado, no tenía razón alguna para pensar que la protección de la Providencia no le acompañaría hasta que se viera totalmente a salvo.

Llegaron a Malinas mucho antes de que se abrieran las puertas de la ciudad. Sin embargo, al entrar a las cinco de la mañana Francisco y su acompañante hallaron que a la puerta de una posada había un carruaje dispuesto a partir de un momento a otro. En él se hallaban ya sentados un hombre de aspecto muy acomodado e importante y una mujer, y Francisco, acercándose al conductor, le preguntó cuál era su destino.

—Amberes —respondió el interrogado—, y si deseáis subir, el coche está dispuesto.

Francisco se volvió hacia su acompañante y le dijo:

—Tomad vos asiento en el coche mientras yo busco una montura con la que llegar antes a Amberes.

Quizá la prudencia habría debido impulsar a Francisco a guardar silencio sobre cuál era su verdadera situación, pero la euforia que lo embargaba se lo impidió. Pletórico de confianza, relató al posadero y a los parroquianos ya presentes lo que le había acontecido tan sólo unas horas antes. Entonces, el posadero corrió a aparejarle un caballo con todo lo necesario para el viaje.

Francisco necesitó dos horas para llegar hasta Amberes a uña de caballo. Una vez allí decidió alojarse en una posada para no crear problemas con su presencia a ninguno de sus parientes o amigos. Hacia las tres de la tarde, el amigo de Enzinas se reunió con él.

—Francisco —le dijo con el rostro pletórico de alegría—, os extrañaréis cuando sepáis en compañía de quién he viajado en el coche. ¿Podéis imaginar quién era el hombre que iba en él?

—Decídmelo. Os escucho.

—Se trataba de uno de los canallas más viles de toda esta comarca. Era Luis de Sot, el enemigo más fanático de la causa del Evangelio, el que fue reuniendo testimonios contra vos e instruyó vuestro proceso. Traía desde la corte de Bruselas las condenas de algunos condenados a la hoguera en Amberes por motivos religiosos. ¿Os imagináis lo que podría haber sucedido con vos si llega a descubrir vuestra identidad?

Francisco sintió cómo en su garganta se formaba un nudo que empujaba hacia sus párpados un torrente de lágrimas.

—Amigo mío —prosiguió el caballero—, habéis estado recluido durante quince meses enteros. Durante ese tiempo, ni os devolvieron la libertad de la que os privaron tan injustamente ni concluyeron el procedimiento en vuestra contra. Luis de Sot, el que tanto hizo por lograr vuestra condena, coincidió con vos, pero no os reconoció. Pudo dar en ese momento final a vuestra vida, pero algo... Alguien que está por encima de los seres humanos cegó sus ojos y se lo impidió. Habéis combatido por la Verdad y Dios no ha permitido que se os inflingiera una derrota. No creo que podáis pedir más en vuestra vida...

Francisco de Enzinas se llevó con el mayor disimulo la diestra a los ojos y enjugó una lágrima que pugnaba por deslizarse por la mejilla.

—Sí. Me sobran las razones para sentirme agradecido a Dios. Sin embargo... sin embargo, sí hay algo que aún le pido a mi existencia.

—¿Qué es, Francisco? —preguntó intrigado el caballero.

—La publicación del libro prohibido.

Con una serena sonrisa reflejada en los labios, Francisco dirigió la mirada hacia el exterior. Un suave sol de febrero calentaba la frescura de la mañana.

Nota del autor

Todos los acontecimientos relatados en las páginas precedentes se corresponden rigurosamente con la verdad histórica. Real es el inicio de reforma de la Iglesia surgido en Alcalá de Henares bajo los auspicios de Cisneros, real también la represión a que se sometió a sus defensores tras la muerte del cardenal. La historia de Pedro de Lerma, el tío de Francisco de Enzinas, fue sólo una de tantas que evidencian hasta qué punto los humanistas que habían deseado acercar la Biblia al pueblo fueron acallados o eliminados físicamente sin ningún género de contemplaciones por gentes que, apelando a la ortodoxia, en muchos casos sólo buscaron su medro personal.

Sin embargo, durante décadas no resultó obvio el devenir al que se vería sometida la Iglesia. Para muchos —como Enzinas— existió la esperanza de que un conocimiento profundo del Nuevo Testamento sirviera para purificarla sin necesidad de que se produjera un desgarro interior de fatales consecuencias. De esa opinión y no de otra fueron también personajes como Felipe Melanchton o Francisco de Mendoza, el obispo de Jaén, que tanta influencia tuvieron sobre Enzinas.

Es sabido que no sucedió así. Para buena parte de la jerarquía —y en ese caso Pedro de Soto, el confesor imperial, es sólo un ejemplo real de una corriente históricamente muy generalizada— la Reforma sólo significaba el principio del fin de su poder, y por ello resultaba imperativo sofocarla antes de su mismo inicio. El objetivo prioritario de sus planes represivos se dirigió, por lo tanto, contra la traducción de la Biblia a lenguas vernáculas y contra aquellos —instruidos o sencillos— que se dedicaran a leerla o a enseñarla. Sucesos como el tráfico de bulas, las detenciones de Lovaina, la evolución cada vez más represiva de la política imperial, el desencadenamiento de la persecución en Europa o la historia de la monja Magdalena de la Cruz, son relatados en esta novela tal y como acontecieron en realidad. Por ello, sirven para explicar cómo apenas unos años después, Flandes, que siempre había sido fiel a Carlos, se sublevó encarnizadamente contra su hijo Felipe II. Para aquel entonces, buena parte de su población había llegado a la conclusión de que nunca disfrutarían de libertad de conciencia bajo un dominio español que llevaba aparejado el recurso a la Inquisición y de que era mejor combatirlo que someterse a su tiranía. Para esa época también resultaba obvio que la Reforma había seguido una senda concreta de regreso a la primacía de las Escrituras en la vida del creyente y de libertad de conciencia, mientras que la Iglesia católica había abrazado la vía de la Contrarreforma con el diluvio de fuego y muerte aparejado con ella. La reforma global de la Iglesia tan ansiada a inicios del siglo XVI por tantos se había visto frustrada y Europa se vio sometida en consecuencia a un siglo de guerras religiosas ininterrumpidas, y en los países católicos a la existencia de la Inquisición hasta que las revoluciones liberales la abolieron durante el siglo XIX.

Con la perspectiva que otorga el tiempo, debe reconocerse que, incluso prescindiendo de entrar en cuestiones dogmáticas, los partidarios de la Reforma estaban cargados de razón. La actuación de la Inquisición, los abusos relacionados con la venta de bulas o el uso de imágenes milagrosas, el culto a determinados personajes como la monja cordobesa Magdalena de la Cruz o la prohibición encarnizada referida a la traducción y distribución de las Escrituras en lengua vulgar —aspectos todos ellos que en esta obra se describen sólo de manera somera y moderada—, no pueden en la actualidad ya ser defendidos ni siquiera por católicos convencidos, y causan una profunda repulsión en cualquier persona sensible. Sin embargo, ese cambio ha tardado en comenzar a operarse más de cuatro siglos —un lapso cronológico nada reducido— y en aquel entonces constituían no la excepción sino la regla generalizada de la actuación eclesial católica.

En relación con Enzinas, todos los datos proporcionados en esta obra son exactos. Tanto las referencias a la traducción del Nuevo Testamento que llevó a cabo, como a su impresión, a su detención e incluso a su prisión y fuga —que, comprensiblemente, muchos juzgaron fruto de la Providencia—, son minuciosamente correctas. De él puede decirse que no sólo fue uno de los grandes humanistas españoles de mediados del siglo XVI, sino que además creyó durante años en la posibilidad de que la Reforma se produjera en el seno de la Iglesia católica. Se equivocó y no tardó en reconocerlo así. Con el paso de los años había ido aprendiendo que la Verdad es un bien al que hay que aferrarse allá donde se encuentre y esa convicción le llevó a decantarse por el bando de la Reforma.

Tras su fuga, recorrió media Europa, aunque su ciudad predilecta pasó a ser Estrasburgo, donde el reformador Bucero lo acogió con afecto. En los años inmediatamente siguientes recibió terribles golpes derivados de la actividad inquisitorial. En 1546, su amigo Juan Díaz, también partidario de la Reforma, fue asesinado de un hachazo que le asestó un criado católico. En 1547, su hermano Diego de Enzinas fue quemado vivo en Roma por mantenerse apegado a sus posturas reformadas. Para entonces resultaba indiscutible que la Iglesia católica envuelta en el Concilio de Trento no sólo no se reformaría siguiendo el principio de primacía de la Biblia, sino que había emprendido la lucha contra los partidarios de tal Reforma.

En 1548, Francisco contrajo matrimonio con Margarita Elter y marchó a Cambridge para ocupar una cátedra de griego. De esta manera, Inglaterra aprovechaba la erudición que el clero español había perseguido. En 1551, dedicó su traducción de las Vidas paralelas de Plutarco a Carlos V, pero es dudoso que pudiera creer en la posibilidad de llegar todavía a una fórmula de concordia. Al año siguiente se declaró la peste en Estrasburgo, donde se hallaba Enzinas. Murió allí el 30 de diciembre, y una semana después su esposa corrió la misma suerte. Sus dos hijitas, ahora huérfanas, fueron adoptadas por dos amigos suyos: el historiador Juan Sleidan y el rector del *Gymnasium* Juan Sturm. Ambos habían sido erasmistas y, finalmente, habían optado por la Reforma.

Poco después, ya póstumamente, se descubrieron entre los papeles de Enzinas unas Memorias, a las que hemos recurrido profusamente para la redacción de esta novela. En ellas Francisco llegaba sólo hasta el relato de su fuga de la prisión de La Vrunte. Sepultadas conscientemente en el olvido entre sus compatriotas, constituyen todavía hoy una auténtica obra maestra de la literatura española del siglo XVI, pero, sobre todo, el testimonio vivo de alguien que creyó en el amor a la Verdad por encima de cualquier otra consideración, en la defensa de la libertad de conciencia y en el poder sobrenatural del Evangelio de Jesucristo para cambiar las sociedades y los corazones de los seres humanos. Con su persecución y exilio, España sólo consiguió empobrecerse. Siguiendo ese mismo camino, en las décadas siguientes únicamente lograría aniquilar el Imperio más poderoso que hasta entonces había conocido la historia

La existencia de Francisco de Enzinas constituye además de lo ya consignado un ejemplo de juventud bien orientada. A su pasión por saber, a su deseo de avanzar en la educación, a su ansia por formarse, supo añadir una clara visión de qué era lo más importante en esta vida, de qué era secundario, de cuáles eran las metas hacia las que debía orientar su presente y su futuro. Lo importante no era la fama, el dinero, la popularidad sino la fidelidad a un ideal, la limpieza de corazón y el seguimiento de Jesús por mucho que pudiera costar. De él bien se pudo decir que comprendió la enseñanza esencial de Jesús que afirma que el que pierda la vida por su causa la salvará y, por el contrario, el que crea haberla ganado, pero pierde a Dios habrá perdido todo (Mateo 16:

25). Fue un ejemplo en su día para una Europa que se debatía entre la Verdad de la Biblia y la tradición religiosa. Lo es hoy para todos los hispanoparlantes a uno y otro lado del Atlántico.

Miami, 2017.

Glosario e índice onomástico

Este glosario e índice onomástico ha sido concebido para ayudar a los jóvenes lectores a conocer mejor los personajes y eventos históricos que aparecen en el libro.

Alejandro, Pedro, (pág: 109). Predicador de la reina María, la hermana del emperador Carlos V. Tras abrazar la causa de la Reforma, optó por huir al saber que se estaba instruyendo un proceso eclesiástico en su contra.

Borgoña, Jacques de, (pág: 94). (c. 1515-?). Señor de Falais y de Breda. Noble flamenco que inicialmente respaldó la Reforma de Calvino.

Carlos, César, (pág: 67, 69, 76, 95, 107). Sobrenombre dado a Carlos I de España y V de Alemania (1500-1558). Emperador, fue el receptor del Nuevo Testamento de Enzinas. Presidió la comparecencia de Lutero ante la Dieta de Worms. Enemigo de la Reforma, a él se deben algunas de las primeras ejecuciones de reformados en sus dominios. Las consecuencias de su intolerancia religiosa —que provocaron, entre otras reacciones, la protesta de Spira— fueron nefastas para el imperio, para España y para la libertad aunque beneficiosas para el papado que no dudó, sin embargo, en oponerse militarmente a él cuando lo consideró oportuno.

Cassander, Jorge, (pág: 24). (1513-1566). Teólogo flamenco. Profesor de Enzinas. Intentó encontrar una fórmula teológica aceptable para católicos y protestantes a la vez. Muy crítico del poder papal y de las prácticas católicas, en 1617 su obra fue colocada en el Índice de libros prohibidos.

Cisneros: (pág: 12-14, 20, 117). (1436-1517) Cardenal reformista de la Iglesia española

Castro, Alfonso de, (pág: 80). (c. 1495-1558) Teólogo, jurista, consejero real y sacerdote franciscano español. Perteneciente a la llamada Escuela de Salamanca a la que muy erróneamente, se suele asociar con el inicio del liberalismo, Alfonso de Castro dedicó sus mayores esfuerzos a acabar con la Reforma. Representante español en el concilio de Trento, escribió. Acerca de las herejías que han surgido desde que Cristo nació, donde sostenía que la causa de las herejías era permitir que el pueblo pudiera leer la Biblia.

Cruz, Magdalena de la, (pág: 101, 118-119). (1487-1560). Monja franciscana española protagonista de uno de los fraudes religiosos más espectaculares de la época de la Contrarreforma. Durante años, fue venerada como una santa en vida e incluso cuando nació el futuro Felipe II, el hijo del emperador, se trajeron los hábitos de la monja para envolverlo con ellos y que así quedara protegido de las asechanzas del Demonio. Reconocida espiritualmente por personajes como el general de la Orden Franciscana, Fray Francisco de los Ángeles Quiñones; Fray Francisco de Osuna, el místico admirado por Teresa de Ávila; y el arzobispo de Sevilla e inquisidor general Alonso Manrique, en 1543 sor Magdalena cayó enferma y acabó confesando que sus acciones eran fraudes o estaban impulsadas por demonios. Incluso sor Magdalena afirmó que durante cuatro décadas había mantenido relaciones sexuales con el Diablo. En 1546, la Inquisición la condenó a cadena perpetua en un convento franciscano de Andújar donde, supuestamente, falleció.

Egidio, (pág: 90-91, 105). Protestante flamenco. Tras abrazar la causa de la Reforma, subastó en 1541 sus bienes para socorrer a los afectados por una epidemia de peste con todo su corazón y aquel paso se había traducido en un cambio radical de vida. Enormemente popular entre los más necesitados, despertó las envidias del clero y la denuncia de un sacerdote provocó su detención en Lovaina. Egidio coincidió en la prisión de La Vrunte con Enzinas. De aquel lugar, fue sacado para ser sometido a tortura, acusado de no creer en el purgatorio —un cargo del que se defendió afirmando que en el Nuevo Testamento no existía ninguna referencia al mismo— y quemado en la hoguera.

Jarava, Hernando de, (pág: 24). Español asentado en Lovaina donde lo conoció Francisco de Enzinas y donde se encontraba entregado a la tarea de traducir los Salmos al español.

Jarava, Juan de, (pág: 24). Español asentado en Lovaina —donde lo conoció Enzinas— y sobrino de Hernando de Jarava. Desempeñaba una función de traductor a la lengua vulgar de obras sagradas y profanas.

Laski, Jan, (pág: 24, 45). (1499-1560). Reformador polaco. Sacerdote procedente de una relevante familia de la aristocracia civil y clerical de Polonia, se trasladó a Basilea donde trabó amistad con Erasmo y Zuinglio. Habiendo abrazado las tesis de la Reforma, se trasladó a Inglaterra. Ejerció una cierta influencia teológica sobre Eduardo VI, el monarca que llevó a la nación a la Reforma. En 1556, se trasladó a Polonia donde, convertido en secretario del rey Segismundo II, fue uno de los dirigentes de la Reforma en esta nación.

Lerma, Pedro de, (pág: 11-16, 18-19, 23, 25-29, 31, 38, 53, 100,117). (c. 1427-1480). Tío de Francisco de Enzinas. Abad de Compludo, canónigo de Burgos y decano de Teología en la Sorbona de París, fue un gran admirador de Erasmo. Procesado por la Inquisición, fue condenado a abjurar públicamente, en las principales ciudades del reino, once proposiciones consideradas heréticas. El episodio le causó un inmenso pesar y le llevó a exiliarse, primero, a Flandes, y luego a París. Allí vivió cuatro años, asistido por su sobrino al que pudo comunicar los principios de la Reforma.

Melanchton, Felipe, (pág 30, 32-39, 41-43, 53, 82, 84, 107-108, 117). (1497- 1560). Su verdadero apellido era Schwartzerdt y Melanchton era su forma helenizada. Sobrino del humanista Johannes Reuchlin, en 1518 obtuvo la cátedra de lengua griega en la Universidad de Wittenberg. Amigo muy personal de Martín Lutero, escribió Lugares comunes de la Teología, un libro de explicación de las tesis de la Reforma. Fue profesor de griego y amigo de Enzinas. En 1529 acompañó a Juan de Sajonia a la Dieta de Spira y fue uno de los firmantes de la Protesta de Espira, por la cual los príncipes favorables a la Reforma reclamaron la tolerancia religiosa al emperador Carlos V. Creador del término psicología, como representante de la Reforma ante la Dieta de Augsburgo, en 1530 presentó la Confesión de fe del mismo nombre. Se le considera el representante del sector moderado de la Reforma luterana.

Moro, Tomás, (pág: 12). (1478-1535). Político y humanista inglés. Persiguió desde el poder a los protestantes ingleses aplicando la tortura y la pena de muerte. Caído en desgracia ante Enrique VIII al no apoyar su divorcio, fue decapitado. Su obra Utopía donde defendía un estado socialista fue prohibida con la iglesia católica que tardó siglos en canonizarlo a pesar de haber muerto, supuestamente, por la fe.

Nannio, Pedro, (pág: 24). (1496-1557). Poeta, latinista y humanista holandés. Contemporáneo de Erasmo de Rotterdam, fue profesor de latín —y de Enzinas— en Lovaina.

Nebrija, Antonio de, (pág: 12-13). (1441-1522). Humanista español. Fue alumno de Pedro de Lerma, tío de Francisco de Enzinas. A él se debe la primera gramática castellana que consagró esa lengua como lengua del imperio.

Pedro, san: (pág: 9, 35-37, 113). Apóstol de Jesucristo.

Rescio, Rogerio, (pág: 24). (1497-1545). Llamado Dryopolitano. Helenista y humanista, desempeñó la cátedra de griego en Lovaina, labor que le mereció los elogios de Erasmo. La amistad con Erasmo le fue de enorme utilidad cuando fue encarcelado logrando así su puesta en libertad. Enseñó hasta su muerte.

Roels, Pablo, (pág: 24). Rector de la universidad de Lovaina en la época en que estudió en ella Enzinas.

Rotterdam, Erasmo de, (pág. 12, 14, 20, 38). (1466-1536). Humanista holandés. Hijo ilegítimo de un clérigo, se ordenó sacerdote, pero procuró mantenerse alejado de los deberes clericales. Cortejado como humanista, su mayor aporte fue la publicación del texto griego del Nuevo Testamento que sería utilizado para las traducciones de las Biblias de la Reforma. A pesar de sostener doctrinas esenciales para la Reforma como la justificación por la fe, nunca abandonó la iglesia católica. En su *Elogio de la locura* y en otras obras, cuestionó frontalmente dogmas católicos como la transubstanciación o prácticas como la prohibición del divorcio.

Schore, Luis de, (pág: 106). Presidente del tribunal de Brabante al que Pedro de Soto encomendó la recogida de testimonios que pudieran conducir a la condena de Enzinas.

Sot, Luis de, (pág: 106, 115). Funcionario del tribunal de Brabante al que Luis de Schore encomendó reunir testimonios que permitieran condenar a Enzinas.

Soto, Pedro de, (pág: 71-73, 75-85, 87, 93-94, 106, 108, 117). (1493-1563). Fraile dominico, vicario general de su orden en Alemania, confesor real del emperador Carlos V y catedrático de teología en las universidades de Salamanca, Dilinga, Cambridge y Oxford. Participante en el concilio de Trento fue un defensor a ultranza del poder papal y un enemigo encarnizado de la Reforma. No dudó en recurrir a la violencia en la persecución de los reformados y así participó en el proceso que llevó a la ejecución de los mártires evangélicos de Oxford (Hugh Latimer, Nicholas Ridley y Thomas Cranmer) e intentó acabar con Enzinas. Participó en el concilio de Trento.

Spira, Dieta de, (pág: 65). Dieta del Sacro Imperio Romano Germánico celebrada en 1529 en la ciudad imperial libre de Spira.

En esta reunión, los príncipes católicos lograron abrogar la tolerancia religiosa proclamada en 1526. Semejante acto liberticida provocó la protesta de los partidarios de la Reforma que, desde entonces, serían conocidos, por ello, como protestantes.

Valdés, Alfonso de, (pág: 12, 100). (c.1490-1532). Uno de los primeros reformadores españoles. Secretario del emperador Carlos V, a él le debemos dos diálogos de influencia erasmista: Diálogo de Lactancio y un arcediano —también conocido como Diálogo de las cosas acaecidas en Roma— y Diálogo de Mercurio y Carón. En ellos cuestiona, entre otros aspectos, el culto a los santos, la guerra emprendida en nombre de Dios, las reliquias, el poder papal y un largo etcétera de prácticas y creencias relacionadas con el catolicismo. Acosado por el confesor de Carlos V, Alfonso de Valdés escribió *El lazarillo de Tormes* de manera anónima para poner de manifiesto que el clérigo vivía amancebado con una mujer casada. De manera bien significativa, en esa novela la mayoría de los personajes negativos o son clérigos o viven de la religión. Murió en Viena.

Vives, Luis, (pág: 12). (1492-1540). Humanista español. Su familia practicaba el judaísmo en secreto lo que tuvo como consecuencia la condena a muerte de su padre y la exhumación de los restos de su madre para ser quemados. Luis había sido enviado previamente por su padre a París y, posteriormente, se trasladó a Flandes donde creó el primer servicio europeo de beneficencia. Durante su estancia en Inglaterra, intentó convencer a Catalina de Aragón para que aceptara el divorcio de Enrique VIII. La posición de Vives desagradó a ambos cónyuges y, finalmente, se vio obligado a dejar Inglaterra. Heterodoxo desde una perspectiva católica, fracasó en su intento de ser aceptado en la corte de Carlos V y acabó sus días en Flandes donde teorizó sobre la importancia de la educación.

Acerca del autor

César Vidal es doctor en Historia —Premio extraordinario de fin de carrera— Derecho, Filosofía y Teología. Su abundante obra literaria se relaciona con la investigación histórica, el ensayo y la ficción. Ha recibido numerosos premios literarios (Las luces, Ciudad de Cartagena, Ciudad de Torevieja, Jaén, Algaida, Finis Terrae, Espiritualidad MR, etc) habiéndose traducido sus libros a una decena de lenguas. Figura indiscutible de los medios de comunicación —Premios Antena de Oro, Micrófono de Plata, Hazte oír, Pluma de oro de las víctimas del terrorismo— su página web (www.cesarvidal.com) y sus páginas de Facebook (César Vidal y Es la noche de César) son visitadas a diario por decenas de miles de personas. Convencido defensor de la libertad y activista reconocido de los Derechos Humanos, ha recibido reconocimientos de ORT México, YAD Vashem Supervivientes del Holocausto de Venezuela, Fundación Hebraica, Jóvenes contra la intolerancia y otras entidades. Miembro de la Academia norteamericana de la lengua española en los Estados Unidos. Actualmente, vive exiliado en el sur de los Estados Unidos. Ente sus obras más conocidas destacan: El Testamento del pescador; El Holocausto; El Hijo del Hombre; La ciudad del azahar; El fuego del cielo; y su trilogía: Jesús, el judío; Buda, el príncipe y Mahoma, el guía. Es también autor del Nuevo Testamento interlineal griego-español. Entre sus obras más conocidas en el terreno de la literatura infantil y juvenil destacan: La mandrágora de las doce lunas (Premio ciudad de Cartagena, 2000). La leyenda de AlQuit, (Lista de honor del Premio CCEI, 2000). El último tren a Zurich (Premio a Jaén, 2004). El perro de Gudrum o su triología, el sabio que llegó a crear un alfabeto específico. Actualmente, vive exiliado en el sur de los Estados Unidos.